내 마음을
다스리는 글

내 마음을 다스리는 글

펴낸날 / 2021년 7월 10일 초판 인쇄
7월 15일 초판 발행

지은이 / 이경록

펴낸이 / 이경록

펴낸곳 / **도서출판 지음** (출판등록 1999년 12월 2일 제 43호)

주　소 / 경기도 구리시 원수택로 52번길 43

문　의 / Tel 031-555-5063 · Fax 031-592-3379

디자인 / 본문·표지 **장영석**(유니버셜커뮤니케이션 010-7318-3776)

ISBN 978-89-90951-18-2 (03320)　정가 15,000원

내 마음을 다스리는 글

이경록 지음

육체의 치료보다, 마음이 먼저 치료가 되는 글

모든 환자와 보호자를 위한 마음의 글

폐 섬유화증 환자들의 마음이 치료되는 글

"좋은 글귀 한 줄이 10권의 책 보다 낫다"

도서출판 지음

"내 마음에 울림이 되는 좋은 글귀들은
어제의 나, 오늘의 나, 내일의 나,
미숙 했던 나를 성숙된 나의
방향을 제시 해 주기도 합니다"

이 글을 쓰면서

먼저 이 글을 쓰게 하신 하나님께 영광을 돌립니다.

아무 소용이 없을 뜻한 글들이 어느 날 순간, 가슴과 머리를 때릴 때가 있습니다. 절망의 문턱에서 허우적거릴 때, 반복된 일상생활에서 아무 의미 없는 나날을 보내고 있을 때, 누군가가 던진 말 한마디가 어디선가 읽은 한구절 한 구절의 글귀가 큰 위안과 용기를 안겨주어, 이런 글들을 모아 하나씩 하나씩 노트에 적은 글들이 모여, 한권의 책을 발간하게 됨을 하나님께 큰 영광을 돌립니다.

언제 어느 순간에 적은 글들인지는 정확히 알 수가 없고, 기억도 나지 않지만, 그 말 한마디의 말들을 하나씩 읽어보면, 주옥같은 글들이었음을, 읽고 지나가면 가슴 깊이 마음속의 남아, 그 글들이 더욱더 그리워지기도 합니다.

그 말 한마디들이 자신의 삶속에서 살찌우고, 환자들이나 보호자 또는, 고난과 역경 속에 힘들 때 마음을 달래주며, 위로도 주고, 그로 인해 마음의 상처를 치료받아, 육체의 질병도 호전되는, 기적 같은 일이 일어나기를 바랍니다. 나 자신도 이 글을 쓰면서, 많은 은혜가 되어, 읽고 또 읽어 치료에 효과적으로 나타나고 있음을 느끼고 있습니다.

인생이 살아가는 데는, 때로는 말 한마디가 지옥과 천국을 경험하게도 하고, 절망과 희망 사이로 오갈 수 있었습니다.

말 한마디가 상대방에 비수가 되어 가슴을 찌를 수도 있고, 말 한마디가 생사의 갈림길에서 죽음에서 살아나는 기적 같은 글이 되어, 고맙고 감사의 눈물이 저절로 흘러나오게도 합니다.

인생은 시계보다 나침반이 더 중요 합니다.
그 방향을 바로 오늘, '내 마음을 다스리는 글'들이 모여 결정체가 됩니다.
인생은 오늘의 연속입니다. 어제는, 이미 가버린 과거의 시간이고,
내일은, 아직 오지 아니한 미래의 시간 입니다.
내가 소유 할 수 있는 유일한 시간은 "오늘"뿐입니다.

오늘 이 시간은 내 남은 생애의 첫 날이며 어제 생을 마감한 어떤 사람이 그토록 살고 싶어 하던 내일이 바로 "오늘"이었음을 우리는 잊지 말아야 할 것입니다.

나는 "오늘" 살고 있습니다.
"오늘" 지금 바로 이 글을 읽고 마음을 다스린다면 변화되는 큰 역사가 이루어지기를 소망 합니다.

이 글을 쓰게 하신 하나님께 영광을 돌리며 -
특별히 〈폐 섬유화증 극복모임〉 카페의 올린 글들을 모아 책으로 발간되기까지는 카페 회원들의 수많은 댓글과 격려와 위로의 글들이 용기를 주시고 힘을 주셔서 더욱 더 감사를 드리며, 회원들이 하루하루 빠른 회복이 되어 건강하시기를 기도드립니다.

미국 알라바마주립대학교 오번대학 교수로 재직 중인 최종률박사에게 바쁜 일정 중에 출간을 적극적으로 도와주시고 자료 협조해 주심을 진심으로 감사드립니다.

여기의 글들이 혹시 부족하고 잘못된 글이 있다면, 너그럽게 이해하여 주시기를 바랍니다.
이글을 읽는 모든 사람들에게 하나님의 은총과 축복이 항상 있으시기를 ~

2021년 6 월 이 경 록

차 례

1장
마음이 치료되는 글

"좋은 글을 읽으면 생각이 바뀌어 생명을 세탁하고
정신을 정화 시키고 마음의 밭을 갈고
병든 마음을 치료 합니다"

01

"모든 질병은 마음에서부터~"

우리의 몸은 마음과 함께 항상 연결 되어 있으며 불가분의 관계입니다.

인간은 살아있는 동안 육체와 정신의 질병으로 인해 고통을 받아가며 살아갑니다.

복잡한 현대 사회에 환경에 적응하지 못하거나 육체와 정신의 장애로 인하여 여러 가지 질병에 걸리기도 합니다. 모든 질병의 근원은 마음에서부터 오기 때문입니다.

의료 기술은 날이 갈수록 발전하고 있지만 예전에 없었던 희귀병인 폐 섬유화증이나 그 밖의 여러 가지 난치성 질병, 정신적인 질환들이 날이 갈수록 늘어나고 있습니다.

이러한 질병들의 발생 원인을 보면 급속한 물질문명의 발전에서 오는 생활환경의 변화로 인한 스트레스, 우울증 등으로 여러 가지 질병이 급속도로 우리의 몸을 공격 하고 있습니다.

이와 같이 우리가 생각해 보면 사람으로 태어나서 어느 누구도 질병 없이 살아갈 수는 없는 것 같습니다. 항상 육체적인 단련을 통하여 육체는 더욱 더 충실하고 그와 더불어 육체와 정신이 건강하고, 행복한 삶이 될 것입니다.

하루- 건강한 마음으로 어제 보다 오늘이 낫고 오늘보다 내일이 더 나아 진다는 긍정적인 생각과 마음으로 잘 다스리면 무난히 이 어려움도 시간이 지나가면 극복해 나아갈 수 있을 것입니다.

좋은 일과 기적을 체험 하면서 행복한 삶이 되시기를 기원합니다.

■ "하루살이"시 한편 생각이 나서 적어봅니다.

하루살이가 내일이 있을까?
하루밖에 없는 날을 위하여 얼마나 수고했는지!
내일이라는 날이 없어도 오늘뿐인 이날을 위하여
때로는 몸을 던지며, 땀을 흘리며 하루의
생명을 소중히 간직하며 보란 듯이 떳떳하게
내일의 꿈을 꾸며 살아가는 하루살이처럼~

02

“질병으로 인한 고통과 어려움 또한 지나갑니다”

오래 전, 부터 기억되어 외워 두었던 평상시 좋아했던 “빗방울” 시 가 갑자기 생각이나 옮겨 봅니다. 지은이는 잘 모르겠습니다. (미상)

빗 방 울 작자미상

차창에 맺힌 빗방울 억지로 쓰러 내리지 마라
비가 그치면 저절로 사라지나니
네 마음속에 맺힌 응어리 억지로 지우려고 하지마라
세월이 가면 저절로 스며드나니....

현실을 바라보면 아무 것도 할 수가 없습니다. 그러나 시간이 지나가면 이 어려움도 말없이 세월 따라 흘러 가 버릴 것 입니다. 그러면 그 때 가서 그 힘든 삶을 어떻게 살았을까? 하고 의문이 되기도 할 것입니다.

실제로 이렇게 질병이 있어 겪어보니 육체의 질병보다, 마음의 질병이 더 무섭다는 것을 깨달을 수가 있었습니다.

우리들은 누구나 다 마음의 문 들이 있습니다. 우리들은 내 밖에 있는 문 보다 내 안에 문 들이 더 많습니다.

때로는 밖에 있는 문 들은 저절로도 열리고 누가 대신 열어도 주지만 내 안에 있는 문 들은 내가 열지 않으면 그 누구도 열어 주지 않습니다.

고통과 어려움이 있을 때에는 스스로 우리의 마음을 닫을 수가 있습니다.

우리들 마음속에는 빛과 어둠이 공존하고 있습니다. 육체의 질병을 통하여 우리들의 마음이 새롭게 거듭나 육체의 질병은 고통에서 물러가 행복한 삶으로 변하게 될 것 입니다 .

행복이란 걸림돌을 디딤돌로 생각하는 마음입니다.

사랑하는 환우 여러분 -

나무는 홀로 자라면 구부러집니다. 그러나 빽빽한 숲속에서 자라게 되면 자연히 하나하나의 나무가 곧고 바르게 자랍니다.

우리가 살아가면서 내 옆에 누가 있느냐가 중요합니다. 우리 모두 마음으로 하나가 되어, 서로 서로를 위로하고, 소통하게 되면, 이 또한 어렵고 힘든 시간들은 지나가고 질병은 물러가서 행복하고 즐거운 시간이 우리들을 기다리고 있을 것입니다.

인내하면서 즐거운 마음으로 기다립시다.
우리 모두 힘내시고 건강하게 살아갑시다.

03

"시련을 극복하는 마음"

우리들의 삶은 항상 고난과 역경 속세서 반복적으로 겪으면서 살아갑니다.

이 시련을 어떻게 극복하며 살아갈까요? 시련은 캄캄한 동굴이 아니라 터널 입니다.

동굴과 터널의 공통점은 안이 어둡다는 것 그러나 동굴은 갈수록 어둡고, 터널은 갈수록 밝은 빛을 볼 수 있어 희망이 보입니다.

우리는 살아남아야 할 이유 한 가지에 희망의 목표를 집중함으로써, 살아남아야 할 의무가 있는 것입니다.

희망은 현재의 시련을 극복하고, 삶을 변화하게 하는 가장 중요한 정신적 요소입니다. 희망은 절망적인 상황에서도 인내와 용기를 가질 수 있게 만드는 유일한 힘입니다.

칠흑 같이 캄캄한 방에 스위치만 올린다면, 환하게 불빛이 빛나듯이 사람의 마음도 이와 같이 똑같이 느끼게 됩니다. 어둠을 몰아내는 것이 빛이듯이 절망을 몰아내는 것도 희망이 할 수가 있습니다. 희망을 가슴에 품고 도전하는 사람만이 인생의 진정한 승리자가 될 수 있습니다.

우리 모두 모두 희망을 바라보면서 -

<멘-트>

'희망을 볼 수 없는 것을 보고, 만져 질 수 없는 것을 느끼고, 불가능한 것을 이룬다.'

- 헬렌 켈러의 명언 -

04

"마음의 여유"

모든 육체의 질병은 마음에서 부터 온다고 합니다.

육체의 질병은 시간이 지나가면 치료가 되지만 마음이 구부러지면 한번 펴지기가 너무 어렵습니다.

질병으로 인하여 어렵고 힘들 때에는 아무 소리도 안 들리고, 1m앞이 보이지 않고 캄캄한 밤이- 그러나 언제까지 보이지 않는 상태에서 계속 머물러 있으렵니까?

잠시 눈을 감고 기도와 명상을 해보면 나 자신을 돌아 볼 수 있는 시간이 만들어 집니다.

생각해보면 나 자신 때문에 주위 사람들이 얼마나 많은 불편함이 있었는지 떠오르게 됩니다. 나로 하여금 혹시라도 상대방에게 상처를 주지 않았는지~ 많은 것들을 생각이 나고 반성이 되게 합니다.

사랑하는 환우님들! 이런 말이 있습니다.

남을 비난하고 불평 할 시간에 나 자신을 들여다 보면 나를 고칠 수 있는 여유와 시간이 늘어납니다.

내가 태양을 바라보는 동안 내 뒤에는 그늘이 생기게 됩니다.

인간이 존재 한다는 이유만으로도, 주위에 그늘을 만들 수 있기 때문입니다

우리는 이 순간 주위를 한번 살펴보면서 혹시라도 그늘을 만들고 있지나 않은지 돌아 봐야 할 것입니다.

혹시라도 주위 환경이 불안하면 미래에 대한 염려를 증가시키는 동시에 오늘의 행복을 느낄 수 있는 마음의 여유를 빼앗아 갑니다.

불안감이 감정과 생각을 지배하기 때문에 우리는 스스로 불안한 마음을 갖지 않도록 노력을 해야 할 것입니다.

환자와 보호자 함께 마음의 여유를 가지고 우리 모두 먼 길을 바라보면서 이 어려운 환경 속에서 극복할 수 있는 마음의 여유를 가지고, 힘과 용기를 가지고 쾌유 하시기를 간절히 바라는 마음입니다.

〈멘-트〉

마음에는 맑음을, 얼굴에는 밝음을 담아, 그 맑고 밝은 빛으로 주위를 밝힐 때, 주위는 참으로 행복 할 것입니다. 빛 자체만으로는 아무런 의미가 없습니다. 직접 어두운 곳을 찾아 갔을 때 비로써 반짝이는 것입니다. 빛이 빛날 수 있는 것은 땅바닥에 납작 엎드린 어둠의 배려 때문 입니다.

우리의 마음도, 여유가 있게 하는 것은, 닫힌 마음의 배려 때문에 아닐까요?

05

"겉사람과 속사람"

우리들의 마음은 겉 사람과 속사람이 왜 다를까?

세월이 갈수록 우리의 육체인 겉사람은 볼품없이 변하고 속사람은 튼실하게 건강한 사람으로 변하면서 성장해가는 것 입니다.

성경(고후 4장 16~18)에는 우리의 겉사람은 낡아지나 우리의 속사람은 날로 새로워지도다. 보이는 것은 잠깐이요 보이지 않는 것은 영원합니다. .

겉사람 : 육체적인 삶 (외모)
속사람 : 정신적인 삶 (영혼. 마음)

우리는 보통 보이는 것에 집착 하고 관심을 가지게 됩니다.

남녀 간의 사랑도 자칫 겉사람을 보고 판단하고 결정하여 어려움을 겪게 되기도 합니다. 그러나 속사람을 사랑해야 할 것입니다.

속사람이 겉사람을 뚫고 나와야 하며 겉사람이 깨어질 때 속사람이 우리의 몸에 중심이 되어 전인적인 몸이 건강하게 지는 것입니다.

어린 학창시절 "시" 한 귀절 생각이나 적어 봅니다.

까마귀 검다하고 백로야 웃지 마라
겉이 검은들 속조차 검을 소냐.

겉 희고 속 검은 이는 너 뿐인가 하노라.

지은이 **이직**

이 작품 속에 겉과 속이 다름을 잘 표현한 것이라 생각됩니다.

우리는 훌륭한 교육과 외모를 갖추고, 좋은 환경에서 자라 낳았다고 할지라도, 그 마음이 변화되지 않고 거듭남이 없다면, 인격적인 삶의 영향을 끼치지 못하게 됩니다.

어제의 잘못된 습관 하나를 과감하게 버리고 나면 10년 후에 달라진 나의 모습을 볼 수 있기 때문입니다.

어떤 화가가 색과 선으로 세상을 보고 음악가가 소리와 리듬으로 자기를 표현 한다면 나는 믿음을 통하여 하나님의 섭리를 알고 깨달아 겉 사람과 속사람이 하나 되기를 매일매일 나를 단련시킨다.

〈멘-트〉

손을 우리가 움직이는 것을 눈으로 보이지만 손을 움직이게 하는 것은 보이지 않는 우리 인간의 뇌 속에서 지시하고 있기 때문 입니다.

보이지 않는 가치- 너무나 귀중하고 소중합니다
하루하루 건강한 삶이되시기를 기원합니다.

06

"하루하루의 삶"

오늘 아침 잠에서 깨어난 이유는 아직 해야 할 일이 남아 있기 때문입니다. 내가 살아 있는 한 나의 하루하루를 채우고 있는 모든 것들이 나에게 얼마나 소중한 존재인지 깨닫게 됩니다. 지금 살아있음 그자체가 기적이고 감사해야 할 것입니다 .

그러나 어느 날 갑자기 원치 않은 질병이 나에게 찾아 왔다면 어떻게 할까요? 불안과 초조, 근심과 걱정, 공포 속에 불평하고 원망하기 보다는 먼저 마음으로 인정하고 긍정적으로 받아들이고 잘 다스릴 수 있는 환경과 마음의 준비가 먼저 필요하다고 생각 됩니다.

그래야 그다음 육적인 치료 방법이 생각이 나고 많은 사람들에 조언도 듣고 지금 이 시간 무엇을 어떻게 해야 할지 지혜가 떠오르게 됩니다.

우리가 앓고 있는 이 질병은 참으로 환자가 겪는 고통이 보통 사람들이 생각하는 것처럼 그렇게 상상 하기가 어렵고 너무나 힘들며 때로는 저마다 느끼는 무력감, 자괴감 상처를 안고 살아가기도 합니다.

사랑하는 환우님들 -

우리의 인생은 다가올 죽음을 생각하고 걱정하기 보다는 남아 있는 고귀하고 귀중한 삶에 정성을 다하여 어떻게 살아갈 것인가를 생각해야 할 것 입니다. 오늘 이 하루가 얼마나 소중한 날인지 - 내 인생의 마지막 날 일수도 있고 내 인생을 다시 시작하는 첫 날 일수도 있습니다.

하루살이가 내일이 있을까?

하루밖에 없는 날을 위하여 얼마나 수고했는지 - 하루를 채우기 위하여 내일의 약속이 없어도 오늘뿐인 이날을 위하여 몸을 던지며 땀을 흘리며 하루의 생명을 소중히 간직하면서 내일을 위하여 -

사랑하는 환우님들 -

남은 인생 중에 가장 젊고 아름다운 날 오늘 - 오늘 이 하루가 내 인생의 기쁨과 행복이 가득하여 기적으로 체험하며 내일을 위하여 힘차게 살아 갑시다.

〈멘-트〉

강물은 같은 곳을 두 번 다시 흘러가지 않습니다.
오늘이란 이 시간 이 하루는 지나가면 다시 오지 않습니다.

내 인생의 가장 젊은 날 오늘 -

07

"인간(人間)관계"

동물과 사람은 소통하는 방법이 다릅니다.

동물들은 몸짓과 소리 울부짖음 기타 등 여러 가지 방법으로 소통을 합니다. 그러나 사람(인간)은 말로써 소통을 합니다.

말은 상대가 있어야 할 수가 있습니다. 누군가와 함께 이야기 할 수 있다는 것 그렇게 쉬운 일이 아닌 것 같습니다.

건강 할 때에는 느끼지 못했으나 몸이 아프면 자연스럽게 말 자체가 하기가 싫어지고 침묵하게 됩니다.

그렇다면 언제까지 말하지 않고 침묵만 지키고 있을 것인가?

육체의 질병보다 마음의 병이 얼마나 더 무서운지- 우리는 스스로 알고 깨달아야 할 것입니다. (모든 질병은 마음에서부터 옵니다)

그러면 어떻게 마음과 마음으로 사람과 사람과 함께 말로써 소통하며 살아갈 수 있을까?

속이 가득 찼다고 소리를 내는 것이 아닙니다.

악기는 속이 비어 있기 때문에 아름다운 소리가 울려 퍼집니다.

사람도 마찬가지 불필요한 것들을 다 버려야 자기소리(내 소리)를 낼 수가 있습니다. 비움이 있어야 채움이 있는 것입니다 .

사랑하는 환우님들 -

강박한 마음, 인색한 마음, 미워하는 마음을 모두버리고 우리 모두 마음을 비웁시다. 비움이 있어야 채움이 되어 스스로 치유하는 면역력이 생겨 치유의 능력이 나타나 건강한 면역력으로 가득 채워지는 것입니다.

프레임의 법칙이란 말이 있습니다.

똑같은 상황이라도 어떠한 틀을 갖고 어떻게 해석 하느냐에 따라 사람들의 행동이 달라진다는 법칙입니다.

내 입장 생각에서 상대방 입장으로 바꿔 생각합니다. 지금 우리는 서로가 엄청 힘들고 외로움과 싸우고 있습니다. 그래서 우리는 함께 소통하며 상대방을 배려하고 상대방의 마음을 헤아릴 때 소통은 시작 되는 것 입니다.

오늘 내가 누군가와 이야기 할 수 있어 감사하고 오늘 내가 누군가와 이야기를 들을 수가 있음을 감사할 줄 알아야 할 것입니다 .

사랑하는 환우님들 -

인간관계가 어려우면 책을 많이 읽으시기를 바랍니다. 책은 머리로 읽는 것이 아니라 행동 몸으로 읽는다고 합니다. 오늘도 건강한 모습으로 활기차고 밝게 행복한 삶이되시기를 간절히 바랍니다.

〈멘-트〉

입술의 30초가 가슴이 30년 된다는 말이 있습니다. 입술에서 나오는 말 한마디가 가슴에 얼마나 얼마나 오래오래 새겨 지는지 -

08

"내 마음의 온도"

오늘은 추석명절입니다.
온가족이 함께 한자리 모여 따뜻한 마음으로 행복하고 즐거운 시간이 되시기를 간절히 바라면서 내 마음의 온도라는 제목으로 글을 올리고자 합니다.

우리들의 마음은 하루에도 열두 번 씩 마음의 온도가 때로는 영하와 영상을 오르락내리락 합니다.

옛날에는 매섭고 차가운 영하의 날씨에 연탄의 독기와 장판지 한 장으로 힘든 삶을 공존하면서 살아남은 우리들 인생 삶이기에 우리는 존귀 합니다.

우리들은 내 마음이 시리면 하늘에서 내리는 흰 눈도 차갑게 느껴지고 내 마음이 따뜻하면 눈송이도 포근하게 느낍니다.

내 마음이 시리면 작은 눈송이 하나도 녹일 수 없으나, 내 마음이 따뜻하면 어떤 눈송이도 금세 녹일 수가 있습니다.
지금 내 가슴은 어디에 선택 하겠습니까 ?

지성에서 영성으로(이어령 저)글 내용 중에 0°(영하)의 얼음장 밑에는 C°(영상) 4° 의 물이 흐르는 법이라고 기록하고 있습니다.

우리의 육체 겉 사람은 차디찬 영하의 질병을 지니고 있지만 우리의 속사람은 잔잔하고 따뜻한 영상의 피가 흐르고 있습니다.

이 영상의 피을 통하여 0°의 얼음장인 육체(몸)을 녹여질 때 아픔에 고통에서 벗어나 치료가 될 수가 있습니다.

사랑하는 환우님들 -

그동안 쌓이고 쌓인 미움과 분노와 원망의 앙금이있을 때, 지나간 그때에 옛 생각을 잠시 떠오르면 내가 누군가에게 잘못을 하였을 때 상대방한테 그때, 용서 받았던 경험들이 많이 있었음을 떠오르게 합니다.

그때를 생각해 보면 내 안에 있던 앙금이 눈 녹듯이 녹아 버리게 되는 따뜻한 내 마음의 온도가 되어 버립니다.

사랑하는 환우님들 -

소금 3%가 바다를 썩지 않게 하듯이 우리들의 마음의 온도 3% 따뜻함을 유지할 때 건강한 삶으로 지탱할 수가 있습니다.

하루하루 빠른 쾌유를 기원하면서 -

〈멘-트〉

바닷가의 조약돌 그토록 둥글고 예쁘게 만든 것은, 무쇠로 두들겨서 만든 징이 아니라, 그토록 부드럽게 쓰다듬은 물결 입니다.

09

"내 마음의 눈"

육체의 눈이 아닌 마음의 눈이 열려야 이 시련과 고통에서 벗어날 수가 있습니다. 순간순간 마다 우리의 마음들이 흔들리고 메마를 때가 너무나 많이 있습니다.

내 영혼이 메마르면 몸도 마음도 메말라 버립니다. 우리는 항상 영혼이 메마르지 않도록 물을 자주 주어야 합니다.

앞을 보지 못한 장애인, 장애가 있기 때문에 열리게 된 감성적, 영적 능력을 보통사람들은 절대로 따르지 못합니다. 보이지 않는 곳을 보게 하는 마음의 눈이 있기 때문입니다.

불가능 – 가능
절　망 – 희망, 소망
슬　픔 – 기쁨으로 바뀌지게 하여 보게 합니다.

육체의 눈이 아닌 마음의 눈이 열려야 앞에 한사람(보호자)을 보면서 뒤에 천사람 (나를 알고 있는 주위 사람들)을 볼 수가 있어 고맙고 감사함을 알 수가 있는 것입니다.

마음의 문이 닫히면 눈도 닫히고 마음의 문이 열리면 눈도 열려 볼 수가 있습니다.

캄캄한 밤에 별을 보는 데는 시간이 필요합니다.

눈을 뜨고 기다리는 것이 아니라 눈을 감고 기다리면 별이 태어나기라도 한 듯, 안 보이던 별이 서서히 보이기 시작 합니다.

이와 같이 우리들의 마음과 사랑과 믿음도 별과 같습니다.
조용히 눈을 감고(기도, 명상)기다림의 시간이 필요 합니다. 눈을 감고 잠시 묵상하며 생각 합니다.

나는 너무 행복하면 눈을 감는다.
"사랑하지만 사랑하지 않는다." (조진국 저)글 중에서~

너는 모를 것이다.
나는 너무 행복 하면 눈을 감는다.
이 행복이 달아나지 않았으면 하고 바라는 간절한 마음 때문이다.

나는 너무 사랑 하면 입을 다문다.
한번 불러 버리면 다시는 그 말과 똑같은 느낌으로는 부를 수가 없기 때문.
너는 이렇게 아프게 사랑하는 내 방식을 너는 이해 할 수 있을까?

뜬눈으로 도저히 감당 할 수는 그 큰 행복감 입이 있어도 말로써 형용할 수 없는 그 사랑 그러나 눈을 감고 입을 다물 수밖에 없는 것을 너는 알고 있는가?

사랑하는 환우님들-

오늘 이 하루도 얼마나 힘든 시간이었습니까?
그러나 내일이라는 가보지 않던 길이 기다리고 있습니다.
마음의 눈을 통하여 건강하고 씩씩하게 걸어갑시다.

눈의 색깔을 바꿀 수는 없지만 눈빛은 바꿀 수 있습니다.
입의 크기는 바꿀 수는 없지만 입의 모양은 미소로 바꿀 수 있습니다.

<멘-트>

주위를 밝게 비쳐주는 것은 햇빛이나 불빛이 아니라 사랑하는 사람의 눈빛이 더 밝고 아름답습니다.

10

"마음이 바뀌면 육체는 저절로 변하게 됩니다"

우리는 일상생활 삶속에서 하루에도 수많은 사건과 사고 속에서 살아가고 있습니다.

기쁘고 즐겁고 감사 할 때가 있는가 하면, 때로는 원치 않은 질병을 통하여 어렵고 힘들게 살아가야만 하는 날도 있게 마련입니다.

우리가 겪고 있는 이 질병은 아직까지 치료약은 없고 오직 지연제 약만 복용하고 있습니다. 어차피 안고 가야할 길이라면 사랑하는 환우님들 우리 모두들 마음을 바꿔어 육체를 변화시켜 행복하고 즐겁게 살아갑시다.

우리가 살아가면서 수많은 감정의 변화에 의해 우리 육체는 수시로 시시각각 변화를 하게 됩니다.

사랑하는 연인을 만나면 기쁘고 가슴은 떨리게 됩니다.

또한 무섭고 놀라게 되면 얼굴은 창백해지고 소름이 돋아나고 머리카락이 바짝 곤두서게 됩니다.

기분이 나쁘면 위장 상태가 나빠져 소화가 잘 안됩니다.

이와 같이 마음에 감정에 따라 육체 반응이 다르게 나타나게 됩니다.

폐섬유화증을 앓고 있는 저희들은 불안과 공포와 두려움에서 벗어나지 못하면 더욱 더 병은 악화되기도 합니다.

이런 현상은 우리의 감정에 따라 육체의 모습은 반드시 변화하게 됩니다. 이렇게 마음의 따라 육체가 변화를 한다는 것은 바로 마음이 육체를 지배하고 있기 때문 입니다.

따라서 육체는 마음의 그림자이자 마치 노예처럼 되고 마음이 주인이면 육체는 종이 되기도 합니다.

종은 주인이 하는 대로 따르게 되지요. 건강을 생각하면 건강이 오고 질병과 고통만 생각하면 질병이 따를 수밖에 없을 것 입니다.

마음공부를 통하여 부정적인 생각을 버리고 긍정적인 마음으로 노력하고 행동으로 실천 한다면 우리의 몸은 자연스럽게 질병은 치유되는 쪽으로 변화하게 됩니다.

사랑하는 환우님들 –

글을 읽으시고 그냥 지나가면 아무소용이 없습니다.
읽으시고 행동으로 실천 할 때 비로써 내 것으로 만들 수 있어
치유의 디딤돌이 되는 기적을 체험하게 됩니다.

이 글을 읽으시고 있는 우리 모두는 하루 빨리 마음을 바꿔서 육체의 질병에서 해방되어 하루하루 기쁘고 즐거운 삶이되시기를 간절히 바라고 원합니다.

〈멘-트〉

인생살이에서 인간이 겪게 되는 고난은 90%가 왼쪽 신발을 오른쪽 발의 신으려고 억지로 애를 쓴다고 합니다.

11

"인생의 반환점에서"

나이와 상관없이 벌써 인생의 반환점에 와 있습니다.

잠시 몇 십년 전 추억을 더듬어 보면 20대 젊은 시절을 생각해 봅니다.

대학을 다니며 R.O.T.C 장교후보생 훈련을 마치고 대학졸업과 동시에 소위로 임관하여 155마일 휴전선 전방 소대장으로 복무했던 지나간 옛 추억들 -

육군 현역 장교로서 서울시 향토예비군 교육을 담당하고 교관으로써 지난 군 복무 시절에 근무 했던 추억들 -

모두 다 엊그제 같은데 벌써 며 십년 세월이 흘러 그토록 건강하고 강한 체력을 유지 했었던 그 시절이 지금은 몹시 부럽고 그리워지기도 합니다.

그러나 지금은 원치 않은 질병 폐 섬유화증(희귀 난치병)으로 인해 보이지 않는 공기와 싸우고 있습니다.

"보이는 것은 잠깐이요, 보이지 않는 것은 영원 하리라"

우리는 늘 보이는 곳에 관심과 초점을 두고 살아왔습니다. 그러나 보이지 않는(공기. 산소) 가치가 얼마나 중요한 가를 체험을 통하여 깨달음을 알고 절실히 느끼고 살아가고 있습니다.

이제 지난 한해도 얼마 남지 않고 마감할 시간을 맞이하고 있습니다.

지나온 삶. 올 한해를 돌이켜 보면 질병으로 인해 생사의 갈림길에서 싸우고 애쓰며 발버둥 쳤던 시간들이 생각이 납니다.

때론 언덕 아닌 언덕을 물끄러미 바라보면서 –
힘들 것을 미리 생각하고 포기 했었던 날들 –

그러나 자신하고 싸워 이기기 위하여 열심히 매일매일 힘들게 걷고 운동 했었던 날 – 그러는 동안 벌써 일주일이 지나 한 달이 되고 한해를 마감 하게 되었습니다.

세월이란 누군가가 방 문틈 사이로 철마(기차)가 달리는 것처럼 빠르게 지나간다고 이야기 합니다.

사랑하는 환우님들 –

하루에도 생사에 갈림길에 헤 매여야만 했던 날들 –
고통 속에서 밤잠을 설치며 잠 못 이루는 수많은 날들 –
불안하고. 초조하며 발버둥 치던 그 날들
치료제가 없는 이 상황에서 약의 부작용은 왜 이렇게도 많고 힘든지 –
그러나 이 모든 것 다 극복할 수 있습니다.

지금까지 걸어왔던 그 길이기에 –
이제 또다시 왔던 그 길을 향하여 다시 되 돌아 갈 시간 –
반환점에 와 있습니다. 이제는 두렵지 않습니다. 이 길은 처음 길이 아니요 누구든지 한번 걸어 왔던 이 길 입니다.
그동안 많은 것을 보고. 느끼고 경험하면서 걸어 왔던 이 길 때로는 병상에 누워 본 사람만이 압니다.
젓가락 드는 힘이 얼마나 크고 위대 한지!

각종 검사와 입원을 통하여 깨달음으로 느끼게 합니다.

지금 이 순간 매일매일 땅위에 걷는 기적 속에 살아가지만, 깨닫지 못하다가 더 걸을 수없는 지경에 이르렀을 때, 그때 비로써 늦게 깨달음을 알게 되기도 합니다.

이제는 삶의 요령도 생기고, 지혜도 생겼으며, 편안하게 여유 있게, 때로는 어렵고 힘들면서 출발했던 그 경험을 통하여 되돌아가는 기회가 온 것입니다.

어떻게 갈까요?

질병을 안고 걸어가는 우리의 인생은 시계보다 나침반이 더 중요 합니다 .

얼마나 시간이 빠르게 가느냐가 중요한 것이 아니라 보다 더 어떻게 올바른 방향으로 가고 있느냐가 더 중요하기 때문 입니다.

치료에 새로운 방향은 훌륭한 의사 샘을 만나 정확한 진단과 치료에 새로운 방향을 제시하고 우리 환자는 몸을 치료할 수 있도록 돕는 일 진짜 치료는 우리 환자 본인 입니다.

나의 미래는 나의 미래가 결정짓는 것이 아니라 나의 오늘이 결정합니다.

결정의 핵심은 방향입니다.

방향은 곧 목표이고 삶의 목적입니다.

그렇게 하면 100세 시대를 맞이하여 우리 몸은 하루가 다르게 우리의 육체는 날로 새로워지고 건강하게 살아 갈수가 있는 것 입니다.

사랑하는 환우님들 -

99% 사람들은 현재를 보면서 미래가 어떻게 될지 예측하고 1% 사람들은 미래를 보면서 지금 현재 어떻게 행동해야 할지를 생각 합니다.

1% 사람만이 성공하고 기적을 체험하게 됩니다.

나의 미래는 지금 내가 무엇을 생각하고 무엇을 어떻게 하고 있느냐에 따라서 99% 사람이 되느냐 1% 사람이 되느냐 달려 있습니다.

우리 환우님들 모두 1% 사람들 안에 들어갑시다.

사랑하는 환우님들 -

올 한해에는 큰 희망과 소망을 가지시고 행복하시고 즐거운 새해를 맞이합시다.

〈멘-트〉

하루는 물방울처럼 미약 하지만 매일매일은 바위를 뚫는 물줄기처럼 강하게 됩니다.
우리의 인생도 매일매일 습관이 되어 연약하고 나약한 몸이 강한 물줄기처럼 기적을 만들어 건강한 삶으로 살아갈 수 있기를 간절히 바라고 원합니다.

12

"2021년 신축년 새해아침 기도 합니다"

새해 아침 기도 합니다.
지금까지 걸어온 길 되돌아보면 그 힘든 길을 어떻게 걸었나 싶습니다.

앞으로 갈 길을 생각하면 그 험한 길을 어찌 또 걸어갈지 멀고 아득 하기만 합니다. 그러나 걱정하지 않습니다. 주님이 계시기 때문입니다. 주님이 함께 하시기 때문에 더 걸어 갈수가 있습니다.

지나간 시간들은 이제 뒤로 돌리고 새해에는 우리 모두가 함께 건강하고 행복한 한해가 되시기를 소원하며 기도합니다.

■ 주님께 기도드립니다.

사랑이 많으시고 거룩하신 하나님 아버지 2021년 신축년 새해를 맞이했습니다. 새해에는 수많은 사람들이 계획을 세우고 실천 한다고 다짐하면서 시작합니다.
그러나 결실을 맺는 사람들이 얼마나 많이 있겠습니까?
주님께서 함께 하여 주신다면 그 어떠한 어려움도 극복하며 실천 하면서 살아 갈 수가 있습니다.

여러가지 질병으로 인하여 어렵고 힘들어 하며 고통 속에 살아가고 있는 환우들을 주님께서 기억하여 주셔서 이전보다 더욱 큰 희망과 소망이되어지는 한 해가 되기를 간절히 소망하오니 주님께서 도와주옵서서.

작은 신음에도 응답하여 주시는 주님 -

주님께서 도와주셔서 어제보다 오늘이 좋아지고 오늘보다 더 내일이 더욱 좋아져 하루하루 놀라운 역사와 기적을 체험하게 하여 주옵소서.

하나님 아버지! 육체의 치료보다 마음의 치료가 먼저 받기를 간절히 바라고 원 합니다 .

저희들의 마음속에 있는 불순물 독소들을 다 제거하여 주신다면 면역력을 더욱더 증가 될 줄 믿습니다.
주님께서 도와 주셔서 매일매일 몸과 마음이 건강하도록 회복하게 하여 주옵소서.

때로는 아직도 마음속에 용서가 안 되는 사연 들이 너무나 많이 있습니다. 미움, 시기, 질투, 분노, 원망, 여러가지 못된 앙금들 모두 배설물 처럼 다 버리게 하여 주셔서 우리들 마음의 온도가 배로 높아져 면역력은 더욱 더 한층 높아져 모든 질병이 물러가는 역사와 기적이 나타나게 하여 주옵소서.

모든 질병을 가지고 있는 환우님들 주님께서 위로하여 주시고 치유하며 소통하여 소망과 용기를 주는 우리 모두가 되어 지기를 간절히 바라고 매일 매일 건강해졌다는 소식들만이 들려지기를 원하고 기도 합니다.

올 한해에는 그 어느 지난 해 보다 더욱 주님께서 눈동자같이 보호하여 지켜 주시고 간섭하여 건강한 삶으로 축복하여 주셔서. 감사가 넘치는 한해가 되기를 바라고 원하오며 여기에 이글을 읽는 모든 분들에게도 같은 은혜를 체험하게 하여 주실 것을 믿사오며, 우리들을 위하여 구원하신 예수그리스도 이름으로 감사하며 간절히 기도 드리옵 나이다 . -아 멘 -

13

“절망을 딛고 우리 모두 도전 합시다”

그토록 지치고 지친 지금 이 순간들 어렵고 힘든 시간을 보내면서 이대로 머물 수는 없는 것 같습니다.

지금은 비록 앞, 뒤, 좌, 우 돌아보아도 보이지 않고 절망가운데 있을지라도 곧 이 절망은 오래되지 않아 곧 지나가고 다가오는 희망을 바라보게 되면서 도전이 되어 우리들의 육체는 하루하루 건강한 삶으로 바뀌게 됩니다.

사랑하는 환우님들과 가족들과 함께 글자 한자 한자 마다 기억이 되게 하셔서 이 시간 글 속에 적힌 말 한마디가 눈으로 읽는 동안에 한사람의 인생과 운명을 바꿀 수도 있을 것이라 생각 합니다.

이 기회가 계기가 되어 이 글을 읽고 감동이 되어 절망이 소망과 희망이 되어 도전으로 이어져 나의 옛 모습이 건강함 삶으로 바뀌며 행복하고 즐겁게 살아가시기를 간절히 바랍니다.

■ 절망

오늘날 이렇게 질병과 싸우면서 때로는 힘들고 너무나 외로 울 때도 많이 있었습니다.

벼랑 끝에 선 사람만이 알 수가 있습니다.

얼마나 무섭고 불안 한지 -

그러나 벼랑 끝 주위에 불필요한 자투리 땅 조그마한 것을 발견하여 바리보고 있으면 안정감을 느끼게 됩니다.

오늘날 너무나 많은 사람들은 필요한 것들에 대한 관심만이 있지 불필요한 것들의 소중함을 모르고, 잊고 살아 갈 때가 너무나 많이 있습니다.

새해에는 희망과 소망으로 절망을 딛고 도전하여, 마음의 건강과 육체의 건강으로 승리하는 한 해가 되시기를 간절히 바랍니다.

여기 방글라데시 치타공 해변에는 까마귀들이 철사로 둥지를 짓고 살아가고 있습니다. 주위 환경에 있는 것은 오직 철사 뿐 ~

둥지를 만들기 위하여 얼마나 그토록 수고와 노력을 했는지 -

절망하지도 않았고 포기 하지도 않았습니다.

환경을 탓하지도 않았습니다.-

그 누구도 도와주지도 않았습니다.

누가 지혜도 주지도 않았습니다.

누가 가르쳐 주지도 않았습니다.

그러나 해냈습니다. -

나만의 보금자리 둥지를 철사로 만들어 지었습니다.

사랑하는 환우님들 -

치타공 해변에 까마귀들에 둥지를 짓는 모습을 배웁시다.
우리도 할 수 있습니다. 절망을 딛고 희망을 가집시다.
건강을 위하여 열정을 가지고 도전 합시다.

1) 보호자가 대신 우리들의 아픔과 고통을 해결 해주지 않습니다.
2) 정신력으로 이기며 환경을 탓하지 마시고 이 고난 속에 질병은 치료가 되어 승리 합시다.
3) 건강하기 위하여 체력을 키웁시다.
4) 나는 반드시 건강하고 행복하게 잘 살아 갈 수 있다고 외쳐 보시고 행동으로 실천하며 도전 해 봅시다.

■ 도전

담쟁이 **도종환** 시인

어쩔 수 없는 벽이라 우리가 느낄 때
그때 담쟁이는 말없이 그 벽을 오른다.
한 뼘이라도 여럿이 함께 손을 잡고 올라간다.
넘을 수 없는 벽 절망이라고 고개를 떨 구고 있을 때.
담쟁이 잎 하나가 담쟁이 잎 수천 개를 이끌고
결국 그 벽을 넘는다. (불가능은 없다)

사방이 다 막힌 것 같아도 고개를 들고 하늘을 바라보면 위에는 항상 열려 있습니다.

진흙 속에서도 나의 노력으로 연꽃은 꽃을 피울 수 가 있습니다.
잔잔한 물살 보다는 파도치는 바다가 더 아름답습니다.

위기는 기회라고 하는데 열정 없이는 기회는 오지 않습니다. 주위 환경을 탓하지 않고 묵묵히 도전하는 자 에게는 늘 기회가 따라 옵니다.

사랑하는 환우님들 -

허물어진 폐지 더미에 비가 오고 있습니다.

폐지에 적힌 수많은 글씨들- 폭우에 젖어 사라집니다.

그러나 오직 단 하나 -

-사랑- 이라는 글씨만은 모두 비에 젖지도 않고 사라지지도 않습니다. 왜냐하면 사랑은 메아리 쳐 울려 퍼지기 때문입니다 .

올 한해는 우리 함께 사랑하는 마음으로 오래오래 간직하면서 절망을 딛고 도전하여 건강을 되찾는 한해가 되시기를 간절히 바랍니다.

〈멘-트〉

남의 힘을 빌리면 내 힘이 없어집니다.

14

“이제는 말할 수 있습니다.(배려하는 마음)”

그동안 나의 질병으로 인하여 곁에 있던 모든 사람들 -

주위를 바라볼 시간도 없이 앞, 뒤, 좌, 우 보이지 않고 오로지 나 자신만을 위하여 생각하고 노력 한 것 같습니다.

그러나 내 주위를 돌아보면 나 때문에 그 얼마나 많은 가족들이 수고와 노력을 했었는지?

부모님, 남편, 아내, 자녀, 형제, 친척, 친지들 모두모두 고맙고 감사함을 이제서 야 생각해 보게 됩니다. 그렇게 도움을 받았것만, 나는 상대방에게 상처주고 그냥 짜증만 부렸던 나 -

얼마나 그동안 고마움을 잊고 살았는지?

이제 와서 깨달음을 갖게 하심을 감사를 드립니다. 귀중하고 소중한 분들이 있었기에 오늘날 내가 있음을 새삼스럽게 감사함을 느끼게 됩니다.

■ 이제는 말할 수 있습니다.

고맙고 감사하고 사랑한다고 말입니다.

사랑하는 만큼 보인다는 말이 있습니다.

같은 숲길을 걸어가도 보고 느끼는 감정이 저마다 다 다릅니다.

같은 글을 읽어도 긋는 밑줄이 다 다릅니다.

관심과 사랑은 사람의 눈을 열게 합니다.

어디에 관심을 가지고 눈으로 보느냐에 달려 있습니다.

열린 눈으로 보면 더 잘 보이고. 더 잘 보이면 더 깊이 알게 되기도 합니다.
자기 자신을 사랑한 만큼 다른 사람들을 관심을 가지게 되고, 더욱 더 사랑할 수 있는 마음이 샘처럼 솟아오르게 됩니다.

사랑하는 환우님들 -

그동안 수많은 사람들에게 마음의 빚을 지고 살았으니 이제부터 마음의 빚을 갚아야 하겠다고 다짐해 봅니다.
이제부터는 낙심하지 않고 건강을 위하여 또한 모든 사람들에게도 섬기고 배려하는 마음을 가지도록 최선을 다하여 노력 해 봅시다.

근심, 걱정, 염려, 불안 , 초조, 두려움 기타 이런 마음들은-
40% 는 지난날에 있어 던 일 때문이고, 50%는 아직 존재하지도 않는 미래의 일 때문이며, 10%는 오직 현재의 일 때문이라고 합니다.
그동안 90%는 헛된 일 때문에 얼마나 많은 시간을 소비 했던가?

이제부터 확실히 알았으니 생각이 바뀌고 행동이 바뀌며 습관도 바뀌는 삶이 될 것이라 다짐 해 봅니다.
꿀벌은 공기 역학으로 보면 몸무게와 날개의 폭이 크기 때문에 도저히 날아다닐 수 없는 구조. 〈날개는 작은데 몸이 커서 날아오를 수 없는 구조〉
그러나 꿀벌은 자신이 가진 한계를 모르면서 힘차게 날아다니고 있습니다.

우리들은 시도도 해보지 않고 생각 안에 틀에 갇혀 자신의 한계를 긋는 것이 곧 불가능 하다고 단정 합니다 .

하루살이가 내일이 있을까?
오늘도 이 하루를 위하여 얼마나 애쓰고 수고하며 땀을 흘리며 열심히 살고

있는지-

우리도 할 수 있습니다. 건강한 정신과 마음으로 육체도 건강할 수 있다고 확신해 봅니다.

사랑하는 환우와 보호자님들 -

이제부터 그동안 말로 표현 못했던 마음들을 전합시다.

감사합니다, 사랑합니다, 고생했습니다, 고맙습니다 라고 이제는 말 할 수 있을 것 입니다.

그동안 내가 베푼 사랑이 돌아오지 않거든 내가 베푼 사랑이 부족한 줄 알아야 할 것입니다.

〈멘-트〉

마음에는 맑음을 얼굴에는 미소와 밝음을 담아 그 맑고 밝은 빛으로 주위를 밝힐 때에 주위는 너무나 참으로 행복 할 것입니다 .

고맙습니다, 감사합니다, 사랑합니다.

15

"모든 일은 때(Timing)가 있습니다"

우리의 인생을 살아가다 보면 뜻하지 않게 아니 벌써 세월이 이렇게 빠르게 지나 왔음을 생각하게 됩니다.

세상에서 내가 태어난 것은 선택 할 수는 없지만 어떤 삶을 살 것인가를 선택은~ 지금 내가 할 수 있다는 것을 지나고 난 세월 속에 알고 깨달음을 갖게 됩니다. 누군가가 쓴 글이 기억나게 합니다.

인생의 살아온 길 중에서 가장 큰 손실은 "때"를 놓치고 그냥 흘러 보낸 시간들 이라고~

사랑하는 환우와 보호자님들 -

인생에서 가장 어려웠던 일들은 정신적, 육체적으로 힘든 때를 경험하게 됩니다. 그럴 때 더 이상 버틸 힘이 없을 때 - 우리는 어떻게 해야 하나요?

길을 찾으려고 애쓸 것 입니다.

지혜로운 사람은 삶의 끝에 이르기 전에 미리 길을 찾습니다.

그것이 바로 "때"(Timing)입니다.

무슨 일이 다가오기 전에 반드시 예고가 있습니다.

그러나 그것을 모르고 무심코 지나 가다가 삶의 막다른 골목까지 이르게 됩니다.

늦었다고 생각 할 때가 가장 빠릅니다. 끝까지 모를 수도 있으니 말입니다.

지금 생각해보면 수많은 시간들을 보내면서 알게 모르게 "때"를 많이 놓치지 않았나 생각이 납니다. 그렇다면 지금이 당장 바로 이 시간이 "때"입니다.

■ 많은 사람들은 말합니다.

그 때 내가 참았더라면~
그 때 잘 했더라면~
그 때 알았더라면~
그 때 조심했더라면~
그 때 건강했더라면~

훗날엔 지금이 바로 그 때가 되는데 지금도 생각하지 않고 아무렇게나 보내면서 자꾸자꾸 그 때만을 찾고 있습니다.

언제까지 그때를 찾으려고 합니까?

"때"를 놓치면 아이스크림처럼 녹아 버리고~

야구에서 홈런도 야구 방망이와 공의 "타이밍"(Timing)에서 결정 됩니다.

우리들의 질병은 때로는 타이밍을 놓쳐서 정신적. 육체적으로 얼마나 많이 힘들었으며 고통 속에 살아가고 계십니까?

사랑하는 환우와 보호자님들 -

이제는 지혜롭게 깨달음을 통하여 하루하루 시간 마다 그 시기 "때"를 놓치지 마시고 행위로 실천하셔서 하루가 다르게 건강한 삶으로 행복하게 살아가시기를 간절히 바라고 원합니다.

나의 불행은 남의 불행과 비교 해보면 남의 불행이 얼마 더 많고 크다는 것을 알 수가 있습니다.

내가 지고 온 인생의 짐이 너무 무겁게 느껴진다면 다른 사람이 지고 온 인생의 짐을 내가 짊어 보면 나의 짐이 얼마나 가벼운 짐 이였다는 것을 알 수가 있습니다.

우리 모두는 이제부터 지혜로운 자가 되어서 "때"를 놓치지 마십시다.

〈멘-트〉

내일을 바라보는 것만이 희망의 전부가 아니라 내일을 위해서 오늘 지금 씨앗을 뿌리는 것이 진정한 의미이며 희망 일 것입니다.

"글은 정신과 영혼을 아름답고 풍요롭게 합니다."

16

“육체의 치료보다 병든 마음을 먼저 치료 합시다”

좋은 글은 병든 마음을 치료합니다.

육체의 질병이란 무엇입니까? 신체의 리듬이 깨어지는 것.

건강이란 무엇입니까? 신체의 리듬이 균형과 조화를 이루는 것. 마음이 병들면 육체의 몸은 바로 병이 됩니다.

내 마음 속에 불안, 공포, 시기, 질투, 분노, 복수심, 열등감, 패배감, 절망감. 강박관념, 피해망상(被害妄想) 등

이와 같이 억누르고 있던 감정과 두려움이 인간의 병든 마음에서 부터 와서 육체의 질병으로 이어지는 것 입니다.

우리는 건강하기를 원하면 먼저 내 마음의 상태를 확인해야 할 것입니다.

그러면 병든 마음을 치료 하려면 어떻게 할까요?

좋은 글을 통하여 병든 마음을 치료 합니다.

사람이 책을 만들고 책은 사람을 만듭니다.

한권의 책이 한 인간의 운명을 변화 시킵니다.

우리는 좋은 글을 읽으면 생각이 바뀌어 생명을 세탁하고 정신을 정화 시키고 마음의 밭을 갈고 생활의 싱싱한 활력소를 얻습니다.

영원히 남는 것 . 그것은 책속에 글입니다.

글은 마음이 없으면 보아도 보이지 않고 읽고 들어도 들리지 않고, 먹어도 그 맛을 모릅니다. 그러면 어떻게 하면 볼 수가 있고, 어떻게 하면 읽고 들을

수가 있으며, 또한 어떻게 하면 그 맛을 알 수가 있을까요?
열정을 가지고 실천해야 하겠습니다.
좋은 글은 땅속의 감추어 둔 보화를 찾아내듯 찾아서 내 것으로 만들어야 할 것입니다.

좋은 글귀 한 줄이 10권의 책보다 낫다고 합니다.
내 마음의 울림이 되는 좋은 글귀들은 어제의 나, 오늘의 나, 내일의 나, 미숙했던 나를 성숙된 나의 방향을 제시 해주기도 합니다.

옛날 어린 시절에 생각이 떠오릅니다.
배가 아플 때 어머님이 배를 문지르면서 하신 말씀이 기억납니다. "내손이 약손이다~ 내손이 약손이다~" 하고 배를 문지르시고 나면 거짓말처럼 아팠던 배가 낫는 것을 경험을 통하여 알 수가 있습니다.

이와 같이 우리들의 마음이 육체를 지배하기 때문에 마음의 따라 몸이 반응하여 치료가 되는 것입니다.

사랑하는 환우와 보호자님들 -내 마음속에 무엇이 있습니까?

감사함이 있는가? 아니면 분노의 원망이 가득 한가?
그러면 소망이 있는가? 아니면 좌절과 패배가 있는가?
마음이 바늘 하나 꽂을 수 없이 콘크리트처럼 단단한 사람이 있는가 하면 마음이 스 펀치처럼 부드럽고 너그러운 사람들도 있습니다.
사람의 몸이 나무라면 마음은 뿌리에 해당 됩니다.
나무뿌리가 병들어 썩으면 잎도, 열매도 점차 시들어 죽고 맙니다.

의사는 육체의 상한 몸을 치료하듯~
나의 병든 마음을 치료 하려면 내 마음 속에 자리 잡고 있는 즉 맺혀있는 원한 증오, 저주, 미워하는 마음을 제거하여야 할 것입니다.

"이 시간 우리는 먼저 병든 마음을 치료받으면 육체의 질병도 치료가 되어 건강하게 될 것입니다."

우리들의 마음은 육체의 모든 것을 지시 합니다.

육체의 질병 70%는 우리들의 마음을 바꾸면 치료가 되어 육체의 몸이 건강하게 변화 될 수가 있기 때문입니다 .

사랑하는 환우님들 -

지금부터 새롭게 태어나는 마음으로 결단 합시다.

사랑하는 마음, 깨끗한 마음, 베푸는 마음, 용서하는 마음, 희생하는 마음을 담아 병든 마음을 먼저 치료하여 육체의 질병에서 벗어나기를 간절히 소망하고 바라며 우리 모두가 하나님의 은총으로 거듭나 이 땅에 있는 동안 오래토록 건강한 몸으로 생명이 이어져 기적을 체험하기를 두 손 모아 기도하며 바라고 원합니다. 감사하고 사랑합니다.

〈멘-트 1〉

좋은 습관보다 나쁜 습관이 더 쉽게 몸에 베이기 마련입니다.

좋은 습관을 들이기 위해서는 내 몸과 마음이 고통스럽고 힘들어도 매일매일 인내로 견디어 내어 좋은 글을 읽으시면서 마음을 새겨 하루가 지나~ 내일을 기다리다 보면 건강 앞에 우뚝 내가 서 있는 것을 발견 할 수가 있습니다.

〈멘-트 2〉

내 마음 속에는 빛과 어둠이 공존하고 있습니다.
미움과 분노와 원망의 앙금이 있을 때 -
지나간 오래전 그때에 누군가로 부터 -
내가 용서 받았던 경험을 생각해 보면 -
내 안에 있던 앙금들이 눈 녹듯이 녹아 버리게 됩니다.

17

"내가 오늘 할일은 내 마음의 방향에서 결정 됩니다"

오늘 하루의 삶은 어둠과 밝음이 함께 존재합니다.

우리의 인생길은 땀을 흘리며 어렵게 힘들어 하며 살아 갈 때도 있으나 때로는 원치 않은 질병으로 인하여 고통 속에서 살아갈 때도 있습니다.

그러나 그것은 잠깐 있다가 없어지는 안개와 같은것이지 영원히 머무르고 있는 것은 아닙니다.

끝없는 어둠과 끝없는 밝음은 이 세상에서 오랫동안 존재하지 않습니다.

그러나 우리들 자신의 마음들이 어떻게 생각하고 있느냐에 따라서 어둠과 밝음이 달라지기도 합니다.

내마음속에 항상 긍정적인 생각과 밝음을 통하여 어둠은 잠깐 머물고 있다가 구름처럼 사라지고 밝음(햇)이 곧 다가 오는 것을 느낄 수가 있습니다.

마음이 닫히면 눈도 닫히고 마음이 열리면 눈도 열립니다.

최선을 다하여 마음을 잘 다스려 마음을 열면 밝음을 통하여 우리들의 희망이 태양처럼 솟아오르게 될 것 입니다.

사랑하는 환우와 보호자님들 -

아직 다가오지도 않는 미래에 대해서 근심 걱정하며 불안과 초조하면서 살아가고 계십니까? 잠시 생각해 보면 무엇을 생각하고 무엇을 행하고 있느냐에 따라서 다르게 결정 됩니다.

나의 미래는 나의 미래가 결정짓는 것이 아니라 바로 지금 오늘이 결정짓는 것입니다. 오늘 나의 마음의 방향이 곧 우리의 삶 미래를 결정 해주기 때문에~ 결정의 핵심은 곧 방향 입니다.

방향은 곧 목표이며 삶의 목적이기도 합니다.

방향이 잘못되면 속도와 시간들이 엄청나게 허비되고 우리들의 삶은 시계보다 나침판이 더 중요 합니다. 왜냐하면 인생의 삶 자체 좌표가 달라지기 때문입니다 .

나의 오늘 방향의 결정이 과연 올바른 선택인지?

오늘 하루를 곰곰이 생각하고 결정해야 할 것입니다.

〈멘-트〉

어떤 사람은 등불로 살고 그림자로 삽니다.

삶의 진창에서 쓰러지고, 삶의 그 진창에서 연꽃을 핍니다.

폭탄이 떨어지는 전쟁터에서 사랑을 나누고 우아한 테이블 앞에서 고독과 이별을 합니다. 늘 불안해서 좋은 일도 누리지 못하고 슬픔을 느끼며 어떤 사람은 슬픔 속에서도 기쁨으로 충만하여 즐겁게 누릴 줄 압니다. 모두가 우리들의 마음에서 결정 됩니다.♡

18

"환자의 마음과 보호자의 마음"

인생을 살아가면서 질병을 통하여 아픈 곳 없이 행복하고 건강하게 오래 오래 사는 것만큼 축복받을 만한 일이 없는 것 같습니다.
그러나 원치 않게 질병으로 인하여 많은 어려움과 고통 속에 살아갈 수 밖에 없는 상황을 맞이할 수도 있습니다.

원치 않는 질병과 사고로 말미암아 환자가 되었을때 환자의 마음과 옆에서 간호하는 보호자의 마음은 서로가 애쓰고 고생하는 서로의 마음을 이해 못하고 갈등으로 마음의 상처가 될 때가 너무나 많이 있었음을 우리는 경험을 통하여 알 수가 있습니다.

어릴 적에 읽고 많이 들었던 이야기 "소와 사자의 사랑이야기"를 이야기 하고자합니다.

소와 사자는 죽도록 사랑했습니다. 소는 풀을 뜯어서 사자에게 주었고 사자는 풀은 싫었지만 참고 견디어 먹었습니다. 사자도 소를 위하여 싱싱한 생고기를 매일 소에게 주었습니다. 소는 역시 괴롭지만 참고 견디어 먹었습니다. 소와 사자는 서로가 최선을 다하여 사랑 했다고 생각 했었습니다. 그러나 머지않아 둘은 결국 헤어 졌습니다. 헤어지면서 둘은 똑같이 이렇게 말했다고 합니다. "나는 최선을 다했어 라고~"

사랑하는 환자와 보호자님-

사랑은 주는 것 그러나 상대방의 배려가 있어야 합니다. 사람들은 내 입장에서 생각하게 되고 상대방의 입장은 생각하지 못하는 것 같습니다.

항시 상대방이 무엇이 필요하고 좋아 하는지 도와주려는 마음의 노력이 절대적으로 필요하리라 생각됩니다. 환자와 보호자의 관계가 바로 이와 같이 되어야 할 것입니다.

긴병에 효자 없다고 말 하듯이 긴병 기간이 너무나 길어지면 서로에게 상처를 줄 수 있기 때문에 우리는 개개인의 상황에 알맞게 조정하여 가족들 간에 가능한 한 긴병의 부담을 공평하게 하는 것이 좋을 것 같습니다.

환자와 보호자 우리 모두 스트레스 받지 마시고 어차피 가야할 길이라면 즐겁게 하루하루 가다 보시면 어느덧 우뚝 건강한 나의 모습을 볼수가 있을 것입니다.

1. 환자의 마음

불안과 초조. 고독감. 외로움. 불면증. 통증. 두려움과 고통을 어떻게 극복해야 할 것인가?

고요히 침묵 속에서 기도하며 나의 마음을 내 스스로 잘 다스리고 부정적인 사고방식에서 벗어나 긍정적으로 생각하시고 절망에서 희망을 슬픔 속에서 기쁨을 찾고 스스로 마음의 치유가 되도록 노력하며 하루하루 복되고 건강한 삶이되어지기를 바랍니다.

무엇보다도 환자 자신의 의지가 너무나 매우 중요합니다. 환자 자신의 질병에 대해서 원인과 치료 방법을 지식적으로 확실히 알고 있어야 할 것이며 나를 위하여 애쓰고 고생하는 보호자나 가족을 생각하시고 때로는 내 마음대로 안된다고 화를 내고 짜증 부려서는 안될 것입니다.

■ 환자가 질병을 대하는 자세

1단계(부정)
- 본인이 질병에 걸렸다는 사실을 부정합니다.

2단계(분노)
- 왜 하필이면 나야.
- 화가 납니다.
- 사소한 것에도 짜증이 나고 주변에 사람들 한테 화를 내기 시작합니다.

3 단계(협상)
- 어떻게 하면 질병을 치료 할수있을지 방법을 찾기 시작 합니다.

4 단계(우울)
- 그러다가 치료 할 방법이 없다는 사실을 깨달으면 한없이 우울해 집니다.

5 단계 (수 용)
- 그 이후에는 받아들일 준비를 하고 수용하게 됩니다.

*환자는 감정 조절이 필요하고, 환자 자신이 질병을 치료 할 능력이 없기 때문에 의사가 행하는 자신의 치료에 최대한 협조하며 감정 조절을 잘 해서 순응(順應)도를 높이는 것이 핵심.

2. 보호자의 마음

보호자의 역할이라는 것은 며칠 사이에 끝나는 일은 아닙니다. 간혹 보호자 분들 중 환자만 나을 수 있다면 제 몸이 어떻게 돼도 상관없을 것 같이 생각 하지만 초기에 너무 과하게 보호자 역할을 하시다가 나중에 본인이 지치고 아프시게 되는 경우도 있습니다.

처음에 너무 과하게 환우 분을 잘 챙기시다가. 에너지가 고갈되어 오히려 시간이 갈수록 환우 분께 소홀해 지거나, 신경을 덜 쓰게 되면 이러한 부분이 서운 하게 느낄 수도 있습니다.

보호자의 건강도 본인 스스로 잘 챙겨야 하겠습니다.

보호자는 환자가 느끼는 감정에 공감하면서 어떤 부문에서 도움을 줄 수 있는지? 항시 생각하고 찾는 것이 매우 중요 하리라 믿습니다. 그래야 환자도 마음의 문을 열고 속마음을 편하게 털어 놓을 수 있는 공감대 형성이 될 수 있기 때문입니다.

환자 스스로가 최대한 자신의 힘으로 일상생활을 할 수 있도록 도와 드려야 되겠습니다. 생활의 적응과 생활 속 자신의 역할을 찾을 수 있도록 도웁시다.

환자가 되어보지 않으면 환자의 마음을 이해하기가 어렵습니다. 환자의 입장을 이해하고 배려하는 마음으로 항시 생각 하시고 함부로 말하지 마시며 깊은 뜻 없이 한 말 한마디가 상대방 마음의 칼을 꽂는 것 같은 아픔을 줄 수 있기 때문에 조심 하시고 환자가 마음의 상처를 받지 않도록 따뜻한 말 한마디가 최고의 힘을 얻습니다.

환자를 보호하는 보호자들은 환자 입장에서 생각하기 보다는 자신의 입장에서 생각하려고 합니다. 보호자가 환자를 위한 일이라고 생각 하지만 실제로 들여다보면 사실은 나도 모르는 사이 보호자 자신 나를 위한 행동이 많이 있었음을 경험들을 통해서 알 수가 있습니다.

때로는 질병을 치료하고자 하는 지식과 상식이 없어 보고 싶은 현실만 보고 듣고 싶은 소리만 듣습니다. 지식을 알려고 하는 노력은 외면하기가 쉽습니다.

환자의 질병을 충분한 지식과 상식을 알고 배우려고 노력하는 보호자들이 되시기를 간절히 바랍니다.

사랑하는 환우와 보호자님들 -

세상에서 가장 설득하기 힘든 것은 자기 자신, 그렇지만 일단 자기 자신과 합의가 되면 가장 강한 힘을 발휘할 수가 있습니다.

우리 모두가 실천하고 노력 합시다.♡

〈멘-트〉

지나온 고통- 그때에는 너무나 참아 내기가 힘들고 어려움과 슬픔속에 좌절하고 낙심했는데 그 세월이 지난 지금, 생각해 보면~ 그 고통을 통해서 얻은 행복이 너무나 많습니다.

그렇다면 오늘의 이 쓰디 쓴 고통도 언제 가는 지나가~ 행복의 달고 단 열매가 주렁주렁 영글 것임이 틀림없을 것입니다.

그런 믿음을 가지고 언제 끝날지 모를 고통의 터널을 오늘도 미소 지으며 힘차게 달려 나아 갑시다.

19

"지식의 3가지 퍼즐을 통하여 배워 봅시다"

지혜는 하나님으로부터 얻어지는 것이지만 지식은 열심히 공부해서 머리에서 부터 나와 얻어지는 지식을 말합니다. 그렇다면 지금 이 시간 간단하게 지식을 얻는 3가지 방법을 말씀 하고자 합니다.

1) 공부를 합니다.(40%)

우리는 초등학교 때부터 대학에 이르기 까지 더 나아가 박사학위 까지 수많은 공부를 통하여 배우고 또한 많은 책을 통하여 지식을 얻습니다.

10년 전에 내가 대학을 졸업을 했다고 하여도 배우지 않고 그냥 머물러 있으면 아무 쓸모가 없습니다. 시대가 흐름과 함께 계속해서 공부하고 배우 고자 하는 노력이 없으면 대학 졸업한 그 가치가 아무 소용이 없어집니다.

그러므로 끊임없이 배우고. 노력 하고자 하는 마음을 가지고 지식을 넓혀야 하겠습니다.

2)남의 이야기를 듣는다.(30%) -소통과 인간관계

다른 사람들과의 만남을 통하여 색다른 대화를 나눌 수가 있고 그것을 통해 지식을 폭넓게 얻을 수가 있습니다.

상대방의 의견에 귀를 기울이며 내가 생각하지 못한 것, 경험하지 못한 지식들을 들을 수가 있기 때문 입니다 .

인간관계에서의 소통은 내 마음이 비어 있을 때 소통이 이루어집니다.

대나무처럼 속이 비어 있을 때 소통이 되며 모든 악기는 속이 비어있을 때 소리가 나는 것처럼 내 마음의 상태가 상대방의 말을 듣고 이해하고 서로 대화할 때, 소통은 이루어져 나 자신도 모르는 지식을 얻을 수가 있기 때문입니다. (상대방의 말 한마디 듣고 싶어 가슴을 비워 놓아 습니다.)

① 많은 사람들에게 마음의 빚을 주어라 그러면 언제 가는 그 사람이 마음의 빚을 나에게 갚을 것 입니다. (그러니까 먼저 베풀라)

② 핸드폰에 입력 되어있는 수많은 전화번호속에 단 한사람이라도 어려울 때나 힘들 때 전화 할 친구가 있는가?

3)경험(30%)

인생을 살아오는 동안에 수많은 사건 사고 속에서 경험을 통하여 얻은 지식은 너무나 중요하고 많이 있었음을 우리는 알 수가 있습니다.

이 경험은 내가 직접 땀과 피를 흘리며 체험을 하였기 때문에 너무나 소중한 자산이며 지식을 피부로 직접 체험하면서 지식을 얻어 잊을 수가 없습니다.

*지식과 배움을 포기하는 사람들은 고집이 있습니다. 왜냐하면 내가 알고 있는 지식이 그것뿐이 없기 때문에 남의 이야기가 들리지 않습니다.

지식이 그것 뿐 그래서 고집을 부립니다.
우리 모두는 지식을 배워서 . 인간관계 속에 소통하고. 나의 경험을 쌓아 지식인 되어야 할 것입니다.

지식을(배움 40%, 인간관계 30%, 경험 30%) 합해서 100 % 갖추기 위해서는 위와 같이 3가지 퍼즐을 통하여 배우고 실천하여 행복한 삶이 되시기를 간절히 바랍니다.

어리석은 사람은 남을 바꾸려다 내 인생을 다보내고 지혜로운 사람은 나. 한 사람을 바꿔서 세상이 바뀌는 것을 볼 수가 있습니다.

인생의 가장 큰 손실은 그냥 흘러 보낸 시간들 입니다. 늦지 않았습니다.

이제라도 나 자신과 싸워 자신을 고치고 마음의 양식을 찾아 지식을 얻기 위해 끊임없이 노력하고 배워야 할 것입니다. 지식은 끝이 없습니다.

세월과 함께 꾸준히 노력하여 시간의 변화 속에 흐름을 적용하여 그때그때 새로운 지식을 터득하여 풍요로운 정신의 세계로 뻗어 나아갑시다.

〈멘-트〉

길은 찾으려고 애쓰는 사람이 찾고 사랑은 구하는 사람이 사랑을 얻으며 기회는 문을 두드리는 사람에게 열리고 지식은 배우려고 노력하는 사람에게 쌓입니다. 그래서 지식과 지혜를 잘 조화시키면 향기로운 인품이 탄생 됩니다.

20

"내 주변에 누가 있는가?"

우리 인생의 삶에서 수많은 사람들 속에서 만났다가 헤어지고 헤어졌다 다시 만나기도 합니다. 그러나 때로는 우리 주변 사람들이 누구와 만나느냐에 따라서 우리의 인생이 95%가 달리 정하여 진다고 합니다.

지금 주변을 둘러보면 과연 내 주위에 누가 있는가?

살면서 서로 의지가 되고 힘이 되며 용기가 된다면 그 보다 더 좋은 관계는 없을 것입니다.

나의 노력과 인내로 인하여 서로가 좋고 안락한 생활을 누리기도 하지만 또한 내 주위 사람으로 부터 덩달아 좋고 안락한 생활도 할 수도 있습니다.

그러나 주위에 나쁜 사람들을 만나면 자기 자신도 전혀 생각지도 못한 환경의 여건으로 고난과 고통으로 힘들게 살아갈 때도 있을 것입니다.

이와 같이 내 주변에 어떤 사람들이 있느냐에 따라서 삶속에 행복과 불행이 찾아오게 됩니다.

수많은 나무가 있는 빽빽한 정글에서 큰 거목이 자랄 수 있는 것은 썩은 나무가 스스로 쓰러지는 자연 솎음질 때문입니다.

식물은 생존전략을 세워 자신에게 붙어있는 불 필 요 한 가지를 스스로 죽여서 거름이 되고 큰 거목으로 살아 갈수 있는 것처럼 주위에 환경이 얼마나 중요한지 알 수가 없습니다.

또한 나무는 홀로 자라면 구부러집니다. 빽빽한 숲속에서 여럿이 함께 자라게 되면 하나하나의 나무가 곧고 바르게 자랍니다.

사람도 마찬가지 , 여럿 사람들이 모여 함께 살아야지 혼자서는 살아 갈수가 없습니다. 그러나 사람과 사람들 인간관계 속에서 내 주변에 누구와 함께 있느냐가 얼마나 중요한지 우리는 알아야 할 것입니다.

지금 내 주변에 누가 있는 가?

아무도 없다면 지금까지 내가 살아온 그 길이 헛되고 헛된 삶이였음을 고백이 되어 앞으로 남은 여생을 새롭고 보람 있게 살아야 할 것입니다.

모든 일은 마음에서 시작되고 모든 행동은 동기에서 비롯되며 모든 열매는 씨앗에서 결정됩니다.(씨앗은 힘없고 약해 보이지만 대단한 위력이 있습니다.

사랑하는 환우님들 -

육체의 질병으로 인하여 어렵고 힘들며 고통 속에 하루하루 지내고 계시지만 잠시 눈을 감고 생각하는 시간을 가져봅니다.

지금까지 뒤돌아보지 않고 앞만 바라보면서 살아왔던 우리의 인생, 그동안 내 주변에 있던 사람들과의 소중함을 혹시나 잊고 살지는 않았는지? 하던 일을 멈추고 잠시 생각해 봅니다. 악보에 쉼표(·)는 괜히 있는 것일까?

중간 중간 쉬어야 안정되고 아름다운 노래가 완성되듯이 우리의 인생도 악보의 쉼표가 찍는 것처럼, 질병으로 인하여 아픔 상처를 안고 잠시, 나 자신을 돌아보는 여유의 시간을 가져 봅니다.

■ "하늘과 바람과 별과 시" 윤동주 시 글 중에

죽는 날까지 하늘을 우러러 한 점 부끄럼이 없기를
잎 새에 이는 바람에도 나는 괴로워했다.
사람이 부끄럼 없이 산다는 것이 얼마나 힘들고
어려운지? 잎 새에 이는 바람에도 괴로워했음을
부끄럼 없이 살아오지 못했다는 자책감~
무심코 지나칠 수 있는 사소한 것조차 괴로움을
느끼며 우리는 살아가야 할 것입니다.

■ 목마른 사슴처럼 이리저리 좋은 지식을 얻으려고 찾아 나서는 사람들은 많아도 삶속에 뿌리를 내리고 이웃과 내 주변 사람들과 사랑을 나누고 봉사하며 실천하는 사람은 많이 없는 것 같습니다 .

■ 바람에 부는 작은 새의 깃털이 움직이는 것처럼 믿음의 삶속에서 작은 흔들림에도 내 마음을 느끼면서 살아가야 할 터인데~
많은 사람들은 목에는 십자가를 걸고, 손에는 묵주를 쥐고 사는 사람들은 많지만 우리들의 삶속에 어렵고 힘든 십자가를 지고, 걸어가려고 하는 사람들은 매우 적은 것 같습니다.

오늘날 수많은 사람들 속에서 만남과 헤어짐, 과연 내 주위에 누가 있는가? 그것은 바로 내가 삶속에서 어떻게 행동하느냐에 따라서 결정됩니다.

주님! 오늘도 깨달음을 주셔서 상대방을 배려하고 소통 하며 어려움과 사랑으로 함께 나누고 실천 하면서 살아가는 저희들이 되게 하여 주옵소서.

오늘 이 하루도 믿음의 삶속에서 작은 흔들림에도 마음을 느낄 수 있는 내가 되기를 간절히 소망하오니 주님께서 도와주옵소서.

■ 사고의 전환

네 삶이 힘들거든 머리에 이고 다니는 것과 발로 밟고 다니는 것을 서로 바꾸어 보라.

<멘-트>

쓰러진 고목나무도 의자가 되어 사람들에게 쉼터가 되어 주거늘 나는 과연 무엇으로 남을런지?

쓰러져서도 많은 사람들에게 밟히지 않고 아름다운 쉼터가 되는 그런 사람으로 남기를-

21

"모난 돌들이 서로 다듬어주는 삶처럼"

사람의 만남 이라는 게 처음부터 서로의 볼록한 부분과 오목한 부분이 만나 합을 이루면 참 좋겠지만 그런 경우는 흔하지 않습니다.

물건이든 사람이든 모서리와 모서리가 만나 깨지고 부서지고 아픔이 있습니다. 그렇다고 피하려고 하면 각자가 고립되고 화해는 영원히 멀어집니다.

모난 돌들이 적당히 섞여 구르면서 서로를 반들반들 하게 길들이고 함께 굴러가는 것처럼 우리들의 삶이 바로 이와 같다고 생각됩니다.

첫 아픔을 극복하고 다시 모서리를 맞대는 그 순간들이 곧 삶의 성숙이 이루어지는 터닝 포인트입니다.

■ "성격이 모두 나와 같아지기를 바라지 말자"

도산 **안창호**선생 명언 중에

매끈한 돌이나 거친돌이나 제각기 쓸모가 있다.
남의 성격이 내 성격과 같아지기를 바라는 것은
매우 어리석은 생각이다.
모양이 같은 돌은 한 가지 용도로 밖에는 시용할 수 없습니다.
돌도 제각기 모양이 달라야 돌마다 생긴 모양에 맞게 쓸 수가 있습니다.

성격과 생각이 같으면 좋을 것 같아도 큰일 하기에는 바람직하지 못할 때가 많습니다.

■ 돌담을 들여다 본적이 있는가?

김기홍 글

발길에 걸리는 모난 돌멩이라고 함부로 차지마라.
그대는 담을 쌓아 보았는가?
큰 돌 기울인 곳 작은 돌이,
둥근 것 모난 돌이,
낮은 곳 두꺼운 돌이,
받치고 틈 메워 균형 잡는 세상이다.

뒹구는 돌이라고 마음대로 굴리지 마라
돌담을 쌓다보면 알게 되리니~
저마다 누군가에게 소중하지 않는 이 하나도 없음을 -

사는 것도 그렇지 않을까?
혼자 있을 때는 쓸모를 모르는 법

한사람의 진정한 쓸모는 다른 사람들과 어울려
보아야 알 수 있다.
사람은 모두가 쓸모 있는 사람 아닐까?

<멘-트>

우리는 모든 삶속에서 나 자신의 욕구와 나를 화나게 하는 것들이 내 마음 안에서 소멸되지 않고 있으면 그로 인해 엄청난 고통을 느끼면서 살아가게 될 것입니다.

그러므로 반드시 내 마음 속에서 소멸 시키려면 나의 마음을 스스로 잘 다스리고 사람들에게 배려하는 마음과 이해하고 사랑하는 마음을 담아 기쁨으로 소통하고 나의 속사람이 변화되어 건강하고 행복한 삶이 이루어지는 것입니다.

22

"인생은 시계보다 나침반이 더 중요 합니다"

집안에 시계가 몇 개나 있을까 ?

벽시계, 알람시계, 손목시계, TV, 전기밥솥, 전자레인지, 기타 가전제품 대개 6 7개 정도는 다 있을 것입니다. 우리는 시간이라는 세계에 매여 , 시간으로 가치를 평가하고, 그런 이유로 바쁜 것이 미덕인 냥 살아가고 있습니다.

더 빨리, 더 많은 일을 하는 방법은 속도가 아니라 올바른 방향이 중요하다고 생각 합니다. 지금까지 우리는 더 빨리, 더 열심히, 더 많이 라는 전통적 방법을 선호해 왔습니다. 그러나 인생은 얼마나 시간이 빠르게 가느냐가 중요한 것이 아니라 보다 더 어떻게 어떤 방향으로 가고 있느냐가 더 중요하기 때문입니다.

나침반은 지침이 항상 자기 북쪽을 향하는 성질을 이용한 것으로 향해, 여행 등 먼 거리를 이동할 때 자신의 위치와 방향을 정하는데 없어서는 안 될 귀중한 도구가 되었습니다.

우리의 인생도 마찬가지 살아가려면 방향을 가르키는 나침반처럼 삶속에서도 정확한 방향을 가리키는 나침반이 있어야 하겠습니다. 그러나 더 중요한 것은 가고자 하는 목적지가 분명해야 하겠습니다.

내가 제대로 가고자 하는 방향으로 가고 있는지? 가끔은 내가 걸어온 길을 뒤돌아보면서 정검 할 필요가 있습니다. 방향은 목적지를 정하고 한걸음부터 시작하여야 앞으로 걸어갈 수가 있습니다.

길을 걸어가다 보면 한걸음 이전과 한 걸음 이후가 엄청나게 다른 것을 느낄 수가 있습니다. 한 걸음 사이에 이미 이전의 것은 지나간 과거가 되고 새로운 것 방향이 기다리고 있습니다.

같은 풀잎, 같은 꽃 , 같은 돌멩이, 같은 나무들 한걸음 그 사이에 이미 그자체가 변화되어 있습니다. 바로 그것이 방향을 향하여 변화하는 모습 일 것입니다.

목적을 향하여 걸어가다 보면 인생의 수많은 많고 많은 삶의 돌을 만날 것입니다.

그 돌은 어떤 사람은 걸림돌이라 말하고 또 어떤 사람은 디딤돌이라고 말합니다.

인생의 삶속에 살아가려면 사람마다 엄청난 차이가 있습니다. 그것은 바로 깔려있는 돌이 아니라 우리의 마음자세라 생각됩니다.

그동안 나를 힘들게 하고, 뒤쳐지게 하고, 괴롭고 고통 속에 살아온 것은 바로 걸림돌 이라고 생각했기 때문입니다.
삶의 행복과 성공이란? 어떤 마음을 어떻게? 어떤 생각을? 퍼즐의 마지막 피스를 무엇으로 채웠느냐에 따라 판가름 나는 것이기 때문입니다.

이제부터 우리 모두는 가고자하는 목적지에 방향을 맞추고, 힘차게 저 높은 곳을 향하여, 오를 수 있게 해주는 디딤돌로 생각하고, 힘차게 한걸음 한걸음 건강하게 걸어가시기를 바라고 원합니다.

<멘-트>

마음이 공허한 이유는 좋은 습관이 없기 때문이고, 인생의 무료한 이유는 재미있는 습관이 없기 때문입니다.

인생은 빨리빨리 한다고 성공하지 않습니다.
인생은 빨리빨리 한다고 오래가지 않습니다.

그렇다고 인생이 천천히 간다고 늦지도 않습니다.
그러므로 우리들의 인생은 시계보다 나침반이 더 중요한 것은-
우리는 내가 어디에 있는지?
우리는 내가 어디로 가고 있는지?
거기 목적지에 어떻게 갈 것인지?

목적지를 세우고 가고자 하는 방향을 맞추면 어렵고 힘들고 고통의 삶이 있다 할지라도 걸림돌이 아니라 오히려 도약의 발판 삼아 디딤돌로 생각하며 인내하면서 편안한 마음으로 여유롭게 미소 지으며 즐겁게 걸어 갈수가 있는 것입니다.

우리의 마음을 잘 다스리면서-

23

"벼랑 끝에 자신을 세워 보아라."

인생을 살아가면서 자신을 벼랑 끝에 세울 수 있는 훈련이 반드시 필요 합니다.

원치 않은 질병으로 인하여 너무나 고통스럽고 힘들어 할 때에는 상대방의 말과 글이 위로가 되지 않습니다. 이 어려움을 극복할 수 있는 힘은 평상시에 많은 글을 읽고 사람들과 만남을 통하여 지혜와 지식을 얻고 오직 우리들의 마음으로 부터 안정되어 스스로 극복 할 수 있는 힘이 생기기 때문입니다.

그러므로 평상시에 우리들은 벼랑 끝에 자신을 세워 절망에서 희망으로, 극복할 수 있는 힘을 키우는 것이, 무엇보다 더 중요 하리라 생각됩니다.

삶의 아픔을 앓은 사람은 타인의 아픔을 누구보다도 더 함께 공감 할 수 있는 마음이 다가 옵니다. 폐섬유화증을 앓고 있는 우리 환우들은 어느 날 예고 없이 갑자기 몸 상태가 안 좋아서 당황스러울 때가 너무나 많이 있었음을 경험을 통하여 알 수가 있습니다.

몸이 위급 하다는 걸 몸으로 느끼기 전까지 깨닫지 못하다가 몸이 반응해야 알고 자신의 몸이 먼저 망가지고 나서야 위급 하다는 것을 깨닫게 됩니다. 그 때에는 이미 너무 늦었습니다.

그래서 제목을 "벼랑 끝에 자신을 세워 보아라" 라는 제목을 생각해 보았습니다. 평상시에 생각을 해보고 연습도 해보며 마음도 다시 한 번 새겨 봅시다.

벼랑 끝에 서 있다고 해서 모든 것을 포기해서는 절대적으로 안 됩니다.
벼랑 끝에서 아무것도 할 수 없었던 절박한 시간에 나는 무엇을 어떻게 할 것인가?

뒤로 물러 설수도 없는 상황에서 사람들은 2가지 선택을 합니다.
1) 앞으로 나아가는 것.
2) 물러서는 것.
뛰어난 사람은 이 순간에도 구분 합니다.

어디로 물러 설수 없을 때 "자신을 세워라"

자신에게 남은 마지막 선택은 희망과 기회를 중요시 여겨 벼랑 끝에서 절망과 싸우고 세상을 긍정적으로 바라보아야 할 것입니다.

나 자신을 벼랑 끝에 세우고 정신과 행동과 시간을 무리하면 결코 이루지 못할 것이 없습니다. 잘못된 인식(생각)이 운명을 바꿔 놓습니다.

" 하나의 오늘은 두개의 내일보다 더 가치가 있다"

오늘 할 수 있는 일은 절대적으로 내일로 미루지 말자.

나는 할 수 있다.(I can)
나는 될 수 있어. (I will)
나는 다시 할 수 있어 (I can do it again)

벼랑 끝에 섰다는 각오로 최선을 다 한다면 자신의 발밑에 있는 벼랑은 어느새 최정상의 자리로 바뀌어 있을 것입니다. 넘어져 보지 않으면 일어나는 방법을 모르는 것이고, 겪어보지 않으면 절대적으로 알 수 없는 것이 우리들의 삶입니다.

쇠는 뜨거운 용광로에 담금질을 거쳐야 질 좋은 강철로 거듭나게 됩니다. 사람도 삶속에서 고통스러운 경험에서 어떻게대처 하느냐에 따라서 달라지기도 합니다.

사랑하는 환우님들 -

그 누구도 대신 할 수없는 나의 아픔이 제일 아프고 내가 느끼고 그것을 내가 이겨내야 하는 것이기 때문입니다.

결국 인생이 살아가는 것은 "나" 이기 때문입니다. 인생은 "나" 와의 싸움이 연속 입니다.

"나" 와의 싸움이 얼마나 힘들고 어려운지? 세상은 그대로 인데 언제나 변덕스러운 것은 나의 마음 입니다.

지난 밤 그렇게 절망스러웠던 세상의 색깔이 다음날 아침이면 다시 환하게 보이는 것은 바로 나의 마음이 변화 되여 보이게 된 것입니다 .

자신과의 싸움(벼랑 끝에서의 갈등) 내 마음 속에는 내 안에 있는 또 다른 "나" 가 있습니다.

그 내면에 있는 "나 "와 부딪쳐 갈등과 번민으로 이어지는 자신과의 싸움에서 승리자가 되어야 할 것입니다 . 〈선 과 악〉(절망에서 희망으로~)

헬렌 켈러 글 중에

"쉽게 편안한 환경에서는 강한 인간이 만들어 지지 않습니다.
시련과 고통의 경험을 통해서만 강한 영혼이 탄생하고 통찰력이 생기고 일에 대한 영감이 떠오르며 마침내 성공 할 수 있습니다.

〈멘-트〉

다 끝났다고 생각 했을 때 마지막 한 번 더 살펴보며 더 이상 길이 없다 싶을 때 한 걸음 더 나아가야 변화가 옵니다.

마지막 한 번 더 살펴보고 마지막 한 번 더 한걸음만 더 여기에 성공이 비결이 있습니다.

긍정적인 언어가 삶을 바꿉니다. 언어는 마음과 생각을 변화시키며 또한 사람의 육체를 변화 시킨다.

"말"에는 힘이 있습니다.

각인력 : 마음에 새긴다.(사람의 뇌세포 98% 각인)
견인력 : 잡아끄는 힘
성취력 : 말 한대로 그대로 이루어진다.

"말"을 할 때에는 한번쯤 생각하고 ,
함부로 말하지 않도록 주의 합시다.

24

"오늘은 남은 인생을 시작하는 첫 날입니다"

오늘 이 하루가 내 인생의 마지막 날 일수도 있고
내 인생을 다시 시작하는 첫날 일수도 있습니다.
오늘을 바라보는 나의 마음가짐에 따라 남은
인생이 걸려 있습니다.

– 내 인생의 가장 젊은 날인 오늘

그 오늘을 어떻게 젊고 아름답게 잘 사느냐가
달려 있습니다.
내 인생은 행복과 성공도 오늘에 달려 있습니다.
사람들은 너와 나와의 관계 속에서 살아갑니다.

산다는 것은 서로 관계하고 있다는 것 입니다.
우리는 영원히 살 것처럼 꿈을 꾸고
내일 죽을 것처럼 오늘을 살아가야 할 것입니다.

오늘 이 시간은 내 남은 생애의 첫날이며
어제 죽어간 어떤 사람이 그토록 살고 싶어 하던
오늘! 이었음을 우리는 잊지 말아야 하며
잊어서도 안 된다고 생각 합니다.

왜냐하면 내가 오늘 살고 있으니깐 말 입니다.

인생은 오늘의 연속입니다. 어제는 이미 가버린 시간이고, 내일은 아직 오지 아니한 나의 미래에 시간 입니다. 내가 소유 할 수 있는 유일한 시간은 오늘뿐입니다.

오늘이라는 이 시간을 어떻게 맞이하고 있나요? 오늘 나는 즐기고 있나요? 아니면 절박하고 모자라서 아쉬운 시간 인가요? 아니면 오늘 나의 이 시간이 너무 즐거워 하루가 짧게 느끼고 있나요?

이와 같은 것들이 다 우리들의 마음에서 부터 시작됨을 알고 있어야 할 것입니다. 하루 24시간 우리 인간에 신체의 모든 세포에는 시간 관리자 생체 리듬이 있습니다.

낮과 밤처럼 우리 몸 세포 안에서 스스로 움직이는 시계태엽과 같은 생체시계가 낮과 밤이 하루 주기에 맞추어 생체리듬에 따라 우리는 움직이며 살아가고 있습니다.

오늘 이 하루를 어떻게 살아가야 할까요?

우리는 어제보다 오늘이 더 나은 하루의 삶을 살려면 살아가는 방법도 알아야 되겠지만 그보다 더 중요한 것은 실천하며 살아가야 할 것 입니다.

인생은 빈손으로 왔다가 빈손으로 가는 것이 아닙니다. 올 때에는 빈손으로 오지만 갈 때에는 무엇인가 보람 있는 것을 남겨놓고 가야 할 것입니다. (무엇을 남길 것인가?)

하루 하루가 쌓여 한 달이 되고 한 달이 열두번 쌓이면 한 해가 됩니다. 한 해가 80년 쌓이면 80년의 생애가 됩니다.

"시간의 걸음걸이 에는 3 가지가 있습니다."

- 시인 **실러**의 명언 중에 -

미래는 주저 하면서 다가오고
현재는 쏜살같이 달아나고
과거는 영원히 정지되어 있다.

결론을 맺습니다.

오늘이 나의 인생의 시작하는 첫날 -

최후의 날은 반성과 참회와 이별의 날입니다. 오늘이 나의 인생이 끝나는 마지막 날이라 생각해 보면 어떠한 마음일까요 ?

엄숙한 마음으로 하늘을 다시 한 번 쳐다보고 땅을 굽어보고 숙연한 눈으로 사랑하는 가족과 친지들을 바라 볼 것입니다. 바라보면서 어떠한 무슨 이야기를 할까요? 너무나 할 말이 많이 있을 것 같으나 막상 할 말을 잃어버리고 바라만 볼 것입니다 .

그래도 한마디 말을 하려면 저 같은 경우는 가족들한테 고생 시켰던 것 미안하고, 내가 살아오는 동안 잘못한 것 있으면 용서해 달라 할 것이며 , 나 없어도 행복하게 잘 살아 달라고 부탁 할 것 입니다.

■ 다시 한 번 강조 합니다.

어제 생을 마감한 어떤 사람이 그토록 살고 싶어 했던 내일, 같은 오늘이 오늘! 나는 오늘 살고 있습니다. 하루하루 감사하며 살겠습니다.

〈멘-트〉

- 하 루 -

오늘 이 아침에 잠에서 깨어난 이유는 아직 내가 해야 할 일들이 남아 있기 때문. 내가 살아 있는 한 나의 하루를 채우고 있는 모든 것들이 -

나에게 얼마나 소중한 존재인지 깨닫게 합니다. 지금 숨 쉬고 살아있는 이 순간이 기적이고 감사함을 느끼면서 -

소중한 "오늘은 남아 있는 인생의 첫 날, 첫 시간" 생각을 해 보았습니다 ,

25

"세월 따라 젊음에서 늙음으로 가는데~"

사람들은 '나이를 먹으면 예전 같지 않다' 라는말을 많이 하고 있습니다. 그 말속에는, 힘이 예전 같지도 않고, 기억력과 건강도 예전 같지 않다는 말이라 생각 됩니다.

또한 나이를 먹으면 젊을 때, 같지 않게 뭔가 쇠퇴하고, 또한 시간이 빨리 가고, 무기력하게 죽음을 향해 달려가기만 하는 것 일까? 그렇다면 늙는 다는 것 절망적이고 슬픈 일인가?

로마시대의 저명한 웅변가 이자 정치가였던(키케로 "노년에 대하여" 작품을 통해) 늙어가면서 노년에 불만스러운 이유 4가지

1) 활동이 부자유 하고
2) 체력이 노쇠해 진다.
3) 육체적 쾌락을 느낄 수 없다.
4) 죽음이 코앞에 다가 왔다.

그렇다면 그는 노년을 어떻게 대하여 한다고 말하는가? 자신이 가진 능력을 적절히 시용하고 언제나 최선을 다 한다면 힘이 조금 부족하다고 할지라도 아쉬워 할 일은 없을 것이 다 라고 이야기 하고 있습니다.

노년은 절제 할 수가 있고, 평온하고 자유로울 수가 있습니다.

육체의 한계는 있을지라도 노년은 학문과 미덕을 실천하며 인생을 값지게 살아 왔으며 자의식으로 기쁨을 누릴 수 있는 시기라 할 것입니다.

유년기는 나약하고, 청소년기에는 활기가 넘치며, 중년기에 접어들면 위엄을 갖추고, 노년기에는 완숙해 집니다.

이러한 특성들은 마치 제철이 되어야만 그 열매를 거두어 들일 수 있는 자연의 섭리와도 같습니다. 이와 같이 어떻게 보면 노년이 더 행복할 수 있습니다.

젊었을 때에는 현재보다 미래가 더 중요시 여겨지고 노년에는 현재에 관심이 있습니다. 젊은이들은 미래를 위해 살고, 불행한 노인은 과거 속에서 살며, 행복한 노인은 현재를 즐기면서 살 것입니다.

"프랑스의 빅토르위고" 글에서

젊음은 아름답지만, 노년은 찬란하다.
젊은이는 불을 보지만, 노인은 그 불길 속에서
빛을 보게 됩니다. 라고 말 했습니다.

영화 "은교"의 주인공 박범신 작가의 소설
- 할아버지와 소녀의 사랑 이야기 내용 중 ~

너의 젊음이 너의 노력으로 얻은 상이 아닌 듯 나의 늙음도 나의 잘못으로 받은 벌이 아니다.

오히려 이제 늙음이야말로 나의 노력으로 얻어가는 '상 '이라고 이야기 해야 할 듯하다.

젊음은 누구에게나 주어지며 열병처럼 지나가지만 늙음은 나의 노력에 따라 얼마든지 다른 늙음이 될 수가 있습니다.

주름을 보 톡 스로 위장하는 것보다 자연스러운 주름은 여유와 깊이로 메꾸는 그런 늙음이 더 아름답습니다.

"늙음이 젊음 못지않게 멋진 것은"

늙었다고 불평하는 사람은 단지 늙었기 때문이 아닙니다. 인생 전반에서 행복하지 못했을 것이라 생각하기 때문 입니다.

젊은이들과 같이 힘과 활동적인 것은 아니지만 충분히 다른 활동으로 지혜와 인격, 그리고 그동안 살아온 경험담과 수많은 지혜와 지식을 젊은이들과 함께 이야기를 들려주고 소통한다면 존경과 사랑을 받으면서 조금이라도 젊어진 것 같은, 느낌으로 받아들여, 멋진 삶을 살 것입니다.

젊음과 비교하지 말고 그저 자신의 맞는 자신의 체력을 적절히 기르고, 남을 위해 그동안 살아온 경험들을 많은 사람들에게 들려주고, 삶의 지혜를 이야기 해주고, 본인은 항상 무엇이든지 배울려고 하는 노력과, 많은 사람들에게 베풀고, 품격 있게 나이 들어야 할 것입니다.

아름다운 노년은 예술의 작품 입니다.

어제는 역사이고, 내일은 미스테리이며 오늘은 선물 입니다.

"정신의 방이 넓어야 노년이 아름답습니다."

노년이 되면 자기생각과 고집, 틀에 갇혀 좁아지고,옹색해지기 쉽습니다.

그래서 다른 사람 장점보다 단점을, 좋은 것 보다 유독 안 좋은 것만 꼭 집어서, 말하기를 좋아하게 됩니다.

나이가 들수록 정신적으로 이해하고, 용서하고, 베풀고, '말'은 내 이야기보다, 상대방의 이야기를 들으려고 애쓰며, 말투도 교양 있고 아름답게 말을 하여야 노년이 더욱 아름답다 할 것입니다.

키케로의 말

책은 청년에게는 음식이 되고

책은 노인에게는 오락이 되며

책은 부자일 때는 지식이 되고

책은 고통스러울 때면 위안이 됩니다.

〈멘-트〉

건강하고 건장한 열 명의 머슴들 보다 늙고 병든 주인 한사람을 못 당한다.

자기일이라 생각하는 것과 자기 일이 아니라고 생각하는 차이는 엄청난 차이가 있습니다.

26

"5월은 가정의 달, 가족 간의 소통하며 행복하게 살아갑시다"

행복하게 살아갑시다.

가정은 한 사람 한사람이 사랑과 헌신과 봉사를 실천하는 최초의 활동 공간이며, 사랑을 배우고, 말(언어) 한 마디도 소중하게 생각하는 훈련도 가족에서부터 시작되어야 할 것입니다.

가정은 위계질서가 있어야 하고, 가족 간의 쉽게 말 할 수 있을 것 같지만 말 한마디가 얼마나 중요한지, 지나온 삶속에서 깨달음 통하여 우리는 알 수가 있었습니다.

가정은 행복한 가정과, 불행한 가정이 있습니다.

불행한 가정은 가족 간의 사연과 이유가 너무나 많고, 각각 생각이 다르며, 성격 차이가 너무나 크고, 항시 시끄럽습니다. 한 지붕 밑에 몇 가정이 있는지 알 수가 없으며, 이해와 배려가 없으며, 희생하고자 하는 마음도 없고, 이기적인 생각이 압도적으로 많이 있습니다.

행복한 가정은 가족 간의 감사 할 일을 서로 찾아, 감사의 마음을 표시하고, 웃음소리가 들리고, 각자가 자기 역할을 하기 위하여 할일이 많고, 용서가 있고, 이해가 있으며, 서로 소통하며 ,대화가 있으며, 사랑과 희망으로 충분하게 집에서 편히 쉴 공간도 생기게 됩니다.

톨스토이 위대한 소설 〈안나 카레니나 〉글 중에
"행복한 가정은 모두 엇비슷하고 불행한 가정은 불행한 이유가 제각기 다 다르다."

■ 부모와 자식과의 관계

부모와 자식과 관계에서도, 동물에서 예화를 들어 보겠습니다.
동물에서 어미와 새끼와의 관계에서 새끼가 어느 정도 자라면, 어미와 새끼가 구분 되지 않을 때가 많이 있습니다.

이럴 때 구분하는 방법이 있습니다. 똑같이 이틀을 굶기고 나서, 먹이를 주면, 어미와 새끼를 구분 할 수가 있습니다. 새끼는 먹이를 주면, 배고파서 즉시 먹지만, 어미 동물은, 새끼가 다 먹을 때까지 새끼를 위하여 기다렸다가 나중에 천천히 먹는 것을 볼 수가 있습니다.
하물며 동물의 세계에서도 새끼를 보호하고, 사랑을 본능적으로 하는 것과 같이, 우리 인간도 자식 사랑 만큼은 어느 것과도 비교 할 수가 없을 것입니다.

그러나 자식들은 과연 부모들만큼 생각 할런지?

■ 가정에서 가족 간의 말 (언어)

가족들 간의 말 한마디가 얼마나 중요한지 알 수가 없습니다.
말은 마음과 생각을 변화시키며, 또한 우리의 육체도 변화 시켜 줍니다.

질병으로 고통 속에 힘들어 살아가고 있을 때 말 한마디가 희망과 소망이 되어 치료가 되기도 합니다. 말은 우리의 행동을 지배하기도 하고 환경과 운명도 결정하기도 합니다. 칼 보다 혀가 더 두렵다고 합니다. 말의 상처가 칼 보다, 몸의 흉터가 더 깊어집니다.

총알에서 입은 상처는 수술하고 치료하며 고칠 수 있으나 사람에게 얻어맞은 말의 상처는 끝끝내 고칠 수가 없습니다. 언어폭력은 만가지 화를 부르며, 영원히 지워지지 않고, 한번 뱉은 말은 다시 주워 담을 수가 없습니다.

말은 그 사람의 얼굴이고 인품이며, 말을 통하여 그 사람의 인격과 인간 됨됨이를 알 수가 있습니다. 다른 사람들의 인격을 존중하고, 품위 있는 말로 상대방을 대 한다면 그 말이 곧 나에게 돌아온다는 사실을 우리는 기억해야 할 것입니다.

■ 가족 간의 소통

가족 간의 소통도, 말은 서로가 하는데, 무슨 이야기인지, 알아들을 수가 없을 때가 많이 있습니다. 소리는 들리는데 서로가 이해가 되지 않아서 내용을 모르는 것 같습니다.

대나무 속처럼 우리들의 마음을 비워야 서로가 서로의 대화도 소통이 되어 말의 내용도 들려서 알아들을 수가 있는 것 입니다. 속이 가득 찼다고 소리를 내는 것이 아닙니다. 모든 악기를 한 번 들여다보면, 악기 속에는 비어 있기 때문에 아름다운 소리와 울림이 있는 것 입니다.

5월 가정의 달을 맞이하여 온 가족들이 질병에서벗어나 건강 하시고 소통하며 행복한 가정들이 다 되시기를 간절히 바랍니다. 감사합니다.

〈멘-트〉

마음을 비움이 있어야 사랑으로 채움이 있습니다.

가족들 간의 말 한마디들이 말을 끌어 올리는 마중물이 되어 소통하며 서로서로를 위로하고 격려와 칭찬과 감사가 넘칠 때 사랑으로 가득찬 행복한 가정들이 되어집니다.

27

"기적은 멀리 있지 않습니다"

기적 중에 기적은 하나님께서 나 같은 죄인을 자기 독생자 대속의 죽음으로 구원 하신 사건입니다. 창세 전 부터 그리스도 안에서 나를 택하시고, 나의 마음에서 부터 예수님을 믿는 믿음을 불러 일으키시고, 구원 받아 하나님의 자녀가 되게 하셨으니, 세상이 이 보다 더한 기적이 어디 있을까요?

우리는 오늘 하루도 기적으로 살아가고 있습니다. 내가 숨을 쉬고 있는 것, 겪어보지 않은 사람들은 알 수가 없습니다.

하나님께서는 누구나 값없이 마음껏 공기를 마시라고 주워 것만, 숨을 제대로 쉬지 못하고 산소통을 의지하고 있는 폐 섬유화증 환우들을 생각하면 공평하지 않은 것 같으나, 낙심하지 않습니다.

눈을 뜨는 것 : 시각 장애인 에게는 그 자체가 기적 입니다.
새소리 듣는 것 : 청각 장애인에게는, 세상이 바뀌는 기적 중에 기적입니다.
걷지 못하는 것 : 원치 않은 질병과 사고로 걷지 못할 때, 걸을 수 있는 것, 기적 중에 기적 입니다.
숨을 쉬지 못하는 것 : 그러나 어느 날 숨을 편하게 쉴 수 있는 것, 기적 중에 기적 입니다.

대다수 사람들에게는 그 기적이 매일매일 일상생활에서 벌어지고 있는데, 놓치고 살아 갈 뿐입니다. 기적은 오늘도 오고 내일도 올수가 있습니다.

■ 기적은 먼 곳에 있지 않습니다.

다쳐서, 아파서, 슬퍼서, 어제까지 불가능 했던 일들이 다시 가능하게 되면 그것이 기적입니다. 상대방을 미워했다가, 다시 사랑하면, 그것도 기적입니다.

아기들도 잘웃고 맘껏 아파봐야, 건강한 아기로 튼튼하게 잘 자랍니다. 질병이 있는 모든 사람들도 맘껏 아파하고, 슬퍼하고, 눈물도 흘러야 합니다.

눈물이 마른 후에는 좀더 내면을 가지고 다지며, 자신이 변화된 모습으로 만날 수 있게 됩니다. 기적은 기적처럼 오는 것이 아닙니다.

천리 길도 한걸음부터라는 말이 있듯이, 한걸음 한걸음 걸어가야만 기적도 도달 할 수 있습니다. 기적은 꿈꾸고 실천을 행 할 때 가능 합니다.

우리 모두가 기적을 바라보면서, 희망을 가지고 내일을 위하여 열심히 살아갑시다. "숨"이 멈추는 사람에게는 한번의 "들숨"이 목숨을 살리고, 타는 목마름에는 "이슬" 한 방울이 기적의 물이 될 수가 있습니다.

■ 사랑은 기적을 일으킵니다.

불교신자 **구수환** 감독 〈부활 〉영화 글 중에

고 **이태석** 신부에 대한 다큐멘터리 영화 〈울지마 톤즈〉에 이어 부활을 연출한 구수환 감독 〈부활〉

아프리카 남수단에서 의료 봉사하던 이태석 신부가 48세에 대장암으로 세상을 떠 난지 10년 뒤 어린 제자들이 벌써 성장하여 기적을 감동적으로 조명해 많은 호평을 받고 있습니다.

불교 신자인 구수환 감독은 카톨릭 사제의 삶을 조명한 이유는, 더 많은 사람들이 이태석 신부의 삶을 보고 그들도 행복해지면, 좋겠다는 생각으로 영화 〈부활〉을 제작했다고 합니다.

가난한 마을 그가 지은 허름한 학교에서 벌어진 그 기적이 남수단의 제자들이 놀랍게도, 이태석 신부처럼, 의사이거나 의대생이 된 제자들이 무려 57명에 달해 정말 놀랐다고 감독님은 말씀하고 있습니다.

남수단 작은 마을에 신부님이 지은 허름한 학교에서, 국립대 의대생이 57명, 더욱 더 중요한 것은 제자들 이야기를 들어보니, 먹고 살기위해서 의사가 된 것이 아니라, 신부님 때문에 의사가 됐고 신부님처럼 살아가겠다고 이야기들 한다고 합니다.

제자들이 병원에서 진료하는 모습을 보니, 먼저 어디가 아프세요? 하고 묻는 것이 아니라, 환자 손부터 잡는 거예요, 가는 곳마다, 손을 잡고 이야기를 나눈 다음, 진료를 하기에 그 이유를 물어보니, 이태석 신부님이 해 오시던 진료 방법이라고 그들은 말하고 있답니다.

이태석 신부님의 사랑이 제자들을 통하여 이어지고 있기에, 이것이야말로, 부활의 의미가 들어 〈부활〉 영화를 제작하였다고 합니다.

불교 신자 감독이 왜 신부의 삶을 조명 했을까요?

절망하는 사람들에게 희망을 주고, 사랑을 배우고, 신부님의 삶을 통해 이것이 진짜 행복이구나 하고 확신을 갖고 영화 〈부활〉이 행복한 삶을 살아가는 교과서로 기억되면 좋겠다고 말하고 있습니다.

"사랑은 가장 훌륭한 기적의 치료제 입니다"
예수님은 이 땅 가운데 수 많은 기적을 행하셨습니다.

지체 장애인을 걷게 하셨고, 눈먼 자를 보게 하셨고, 귀신 들린 자에게 귀신을 쫓아내셨고, 병든 자들을 치유하셨으며, 오병이어 기적도 행하셨습니다. 심지어 죽은 자를 살리시기도 하셨습니다. 오늘날도 우리들의 삶도 매일매일 일상의 삶이 기적을 체험하며 기적처럼 살아가게 될 것입니다.

<멘-트>

진정한 사랑은, 영원을 향하여 성숙해져 가는 것 입니다.

내가 베푼 사랑이 돌아오지 않거든 내가 베푼 사랑이 부족한 줄 알아야 합니다.

28

“인생길 동행(同行)하는 사람이 있는가?

동행(同行) 이란? 같이 길을 걸어가는 사람이라는 뜻 입니다. 진정한 의미는 같은 방향으로 함께 걸어가는 것이 아니라 ‘같은 마음으로’ 함께 걸어가는 것입니다. 거기에는 기쁨이 있고, 마음의 위로가 있습니다.

지금까지 우리는 인생길에서 누구와 함께 동행하며 살아 왔습니까?

잠시 생각하는 시간을 가져 봅니다.

동행에는 영적인 동행과 육적인 동행이 있습니다.

■ 영적인 동행

지금까지 우리가 살아온 길을 되돌아보면 그 어렵고 힘든 인생길을 어찌 걸어 왔나 싶습니다. 앞으로 남은 인생길도 갈길을 생각하면 그 험하고 힘든 길을 어찌 걸어갈지 멀고도 아득하기만 합니다. 그러나 걱정과 염려는 없습니다.

우리 곁에는 주님이 늘 함께 계시기 때문입니다.

주님과 함께 동행 하면 어디든지 더 갈 수가 있습니다.

성경, 하나님 말씀에는 “지혜로운 자와 동행하면, 지혜를 얻고, 미련한 자와 사귀면 해를 받느니라” 라고, 말씀하고 계십니다. 〈잠언 13장 20 절〉

또한, 에녹은 삼백년을 하나님과 동행하며 자녀들을 낳았으며, 그는 365세를 살았더라. 〈창세기 5장 22~23절 〉

그만큼 우리들의 삶의 질이 큰 영향을 받아 한평생 하나님과 함께 동행 하는 삶을 살면, 밝고, 활기차게 살아 갈 수가 있습니다.

■ 육적인 동행

혼자서는 존재 할 수없는 것이, 우리의 삶입니다. 가족이나 친구와 함께 허물없이 이야기 할 수가 있어서 좋고, 삶속에 어렵고 힘들 때 무거운 짐을 나누어 질 수 있어 힘이 되어 줄 수 있는 사람이 있다면 서로 마음의 위로가 되어 행복한 삶이 되는 것입니다. 여기에 〈시〉 한편 소개 해 드립니다.

동행(同行) **용혜원** 시인

인생길에 동행하는 사람이 있다는 것은 참으로 행복한 일입니다.
힘들 때 서로 기댈 수 있고, 아플 때 곁에 있어 줄 수 있고,
어려울 때 힘이 되어 줄 수 있으니, 서로 위로가 될 것입니다.

여행을 떠나도 홀로면 고독 할 터인데 서로의 눈 맞추어 웃으며
동행하는 이 있으니 참으로 기쁜 일입니다.
사랑은 홀로는 할 수가 없고, 맛있는 음식도 홀로는 맛없고,
멋진 영화도 홀로는 재미없고, 아름다운 옷도 보아줄 사람이 없다면
무슨 소용이 있겠습니까?

아무리 재미있는 이야기도 들어줄 사람이 없다면, 독백이 되고 맙니다.
인생길에 동행하는 사람이 있다면 더 깊이 사랑해야 합니다.
그 사랑으로 인하여 오늘도, 내일도, 행복 할 수 있습니다.

<멘-트>

혼자는 독립이 아니라 고립 입니다. 인간은 서로 상호 의존적 존재 입니다.

어느 한 쪽의 일방적인 도움으로 살아가는 것이 아니라, 서로 나눔이 있고, 기쁨이 있으며, 서로 마음의 위로가 되어, 감사가 넘치는 삶이 되는 것입니다.

그러므로 어떠한 험난한 인생길에 누군가와 함께 손잡고 걸어 갈 동행자가 있다면, 우리의 인생길은 참으로 행복하고 즐거운 삶이 될 것 입니다.

29

"남의 힘을 빌리면 내 힘이 없어집니다"

그동안 나는 항상 내가 힘들다고 생각하며 살아오는 동안, 그만큼 주변 사람들의 힘을 빌리며 힘들게 하지 않아나 돌아봅니다.

내가 행복한 만큼 다른 사람들에게 행복을 주었는지 내가 힘든 만큼 다른 사람들에게 얼마나 많이 힘들게 하였을까? 하고 이제서야 생각하고 깨닫게 합니다.

남이 힘들 때 위로를 해주려는 것보다, 내가 힘들 때 남에게 위로를 받기만을 바랬던 나, 그동안 아무 생각 없이 힘들다고 남의 힘만 빌리고 그냥 주저 앉아 있던 나, 이제는 다른 사람들에게 도움을 받기 보다는 내가 먼저 상대방에게 힘을 실어 주면 어떨까?

그렇게 하면 희한 하게도 상대방에게도 힘이 되겠지만, 나에게도 덩달아 큰 힘이 된다는 것을 깨닫기도 합니다. 남의 힘을 빌리면, 내 힘이 점차적으로 없어진다는 진리를 이제서 야 늦게 깨닫게 되었으니 이마에 땀을 흘리며 힘들어도 나 스스로 헤쳐 나가야 한다고 다짐해 봅니다.

그동안 무심코 지나온 수많은 시간들 -

육체도 정신도 모두 남에게 빼앗기며 무엇을 바라보고 살아 왔는지? 생각해 보면 너무나 억울한 생각이 들기도 합니다.

지금 부터라도 열정을 가지고 육체도 정신도 내 것으로 만들려고 최선을 다하여 노력하여야 할 것입니다.

그뿐만 아닙니다, 그동안 내가 알고 있는 지식과 정보도 공정하지도 못하고 확실히 알지도 못하면서 일방적으로 한쪽 편만 생각에 치우쳐 내 마음 속에 지니고 있던 부정확한 고정 관념 때문에 얼마나 멀고도 먼 길을 돌아서 여기까지 걸어 왔는지?

이제는 지름길로 내 힘으로 찾아야 할 것입니다. 사람은 자기 인생 드라마의 각본가요 주인공입니다. 누군가가 각본을 대신 써주지 않고 연출도 대신 해주지 않습니다.

자신이 쓰고, 자신이 배우로서 연기를 해야 합니다. 모두 자신이 만드는 인생이기 때문 입니다. 자신의 힘으로 달성 할 수 있는 목표를 세우고, 자신 스스로 만들어야 바로 내 것이 됩니다.

시련을 극복 할 수 있는 힘은, 사랑을 베풀고, 행복을 함께 나눌 때, 시련은 극복할 수 있는 힘이 더욱 더 생기게 됩니다.

"모든 것이 내가 하기 나름이다. 끊임없이 자신에게 말하는 법을 배우라"
- 앙드레 지드 -

"당장 편하자고 남의 손을 빌리면, 성공의 기쁨도 영영~ 남의 것이 된다"
- 앤드류 매튜스 -

생각이 바뀌고 행동이 바뀌면 습관도 바뀌게 됩니다.

나침반을 보면 항시 흔들리고 있는 것은 방향을 가리키려고 안간 힘을 쓰고 있다는 것을 알 수가 있습니다.

우리의 육체와 마음도, 마음이 주장하여야 몸이 움직입니다. 잠시 지나온 삶의 발자취를 더듬어 보면 여기까지 걸어왔던 수많은 시간들~

그동안 가족들과 보호자가 없었다면 어떻게 내가 견딜 수가 있었을까? 가족과 보호자에게 큰 충격과 고통을 내가 주었음에도 불구하고 지금 내가 이렇게 버티고 견딜 수가 있었던 것은 나를 위하여 할 말도 저대로 못하고 묵묵히 바라보며 말없이 보살핌이 있었던 가족이 있었기에 내가 오늘 여기에 있을 수가 있습니다.

이제는 남의 힘을 빌리지 않고 열심히 노력하며 살겠습니다. 너무나 고맙고 감사를 드립니다.

〈멘-트〉

소금 3%가 바닷물을 썩지 않게 하듯이 내 마음속 안에 있는 작은 3%의 고운 마음씨가 우리들의 마음을 지탱하고 있는지 모릅니다.

지난 과거는 이제 잊어버리시고, 내일을 위하여 힘차게 살아갑시다.

"미래의 내가 무엇이 될 것인가, 궁금하면 현재의 나를 보라"

30

"오해와 이해의 간격은 얼마나 될까?"

상대는 오해하고 있는데 나는 왜? 그것도 이해하지 못하느냐고 해 버리면 영원히 답이 없는 것이 됩니다.

그러면 오해는 왜 생길까?

"오해의 늪에서 나와 이해의 숲으로 들어가야 합니다.
나의 참 모습을 내가 이해하면, 남의 눈치와 오해의 그물에서 벗어나,
내 삶의 의미를 즐기며 자유롭게 살 수 있는 힘이 생깁니다."

정신 분석가 **정도연** 〈당신이 숨기고 있는 것들〉중에서-

오해의 원인은 내가 잘못 했을 때에는 어떠한 상황 때문이라고 변명하게 되고 남의 잘못은 그 사람의 상황 탓으로 느껴지기 때문입니다.
예를 들면 내가 지각하면 상황이 그래서 늦었다고 스스로 이해를 하고 남의 잘못으로 지각하면 게으른 것으로 느껴집니다. 즉 나의행동은 나의 상황(외적으로 생각하고) 남의 행동은 그 사람의 상황(내적으로 생각합니다)

오해와 이해를 해결하려면 어떻게 할까요?

내 입장에서 생각하지 말고 상대방 입장에서 생각하면 이해가 될 것입니다.오해가 있는 사람보다, 이해가 부족한 사람이 더 났습니다.

상대방을 진정으로 이해하려면 나의 시선을 아래로 접고 상대방의 마음에 섰을 때 비로써 그 진정한 마음을 바라볼 수가 있어 이해가 됩니다.

서로의 다름을 비방하고 불평하기 보다는 이렇게 다를 수도 있음이 놀랍고도 신기하네 하고 오히려 상대방에게 감사하고 감탄하면 오해가 아름다운 이해로 바꾸어지게 될 것입니다.

*역지사지(易地思之) : 처지를 서로 바꾸어 생각함으로 , 상대방의 처지에서 생각함

사랑도 가끔 오해를 하면서 사랑하게 됩니다.

자기가 그러니 상대방도 그러리라고 생각 하는 것입니다.

그 사람이 나와 다른 경험을 갖고 살아 왔다는 것을 까마득하게 잊은 채~늘 자가 자신에 입장에서 생각 했던 나. 그러나 진짜 사랑은 우리가 서로 다르다는 것을 인정하고 그 격차를 조금씩 조금씩 줄어가다 보면 언제 가는 서로 제법 닮아가고 있음을 발견하게 됩니다.

얼굴 모습도 서서히 닮아가고 생각과 이해도 닮아가며 오해가 이해로 바뀌어 이제는 오해 없이 이해만 되고 사랑하게 됩니다.

〈멘-트〉

남을 비난 할 시간에 나를 들여다보면 나를 고칠 수 있는 시간이 늘어납니다. 처음에는 생각의 의해 마음이 생기고, 그 마음은 생각의 지배를 받습니다.

이 세상에서 가장 먼 거리는, 우리의 머리에서부터 가슴까지, 생각은 YES, 그러나 마음은 NO.

31

“질병에 대한 두려움은 언제 까지?”

질병이 왜 무서운가?

무서워하기 때문에 무서운 것입니다. 질병으로 인하여 죽을 까봐 두려운 것입니다. 그러나 엄격히 말하면 “두려움”은 아무 유익이 없는 생각이며 무익한 생각을 버리면 마음이 편해지는 것을 느껴지기도 합니다.

요즈음 코로나19 바이러스 때문에 백신이 나오려면 우선 그 누군가가 그 병에 걸려서 병을 이겨야 거기서 항체가 나오고 백신이 개발되어서 치료가 되는 것입니다. 저마다 피하기 바쁜 이 와중에 누가 바이러스에 감염이 되려고 할까? 희생 없는 승리는 없는 것입니다.

혹시 질병이 있으십니까?

어느 날 평상시와 같이 아침에 눈을 떠보니 원치 않은 몸 컨디션이 좋지 않아 병원에 가서 검사를 해 보니 뜻밖에 질병이 있음을 확인하고 그 때부터 근심과 걱정, 염려와 불안, 공포와 두려움이 밀려오기 시작 할 것입니다.

그 때부터 치료법과 약품이 개발되지 않는 희귀질환에 대한 두려움은 일반질병보다 더욱 더 고통을 주며 불안과 두려움으로 삶의 질이 너무나 크게 저하될 수가 있습니다.

그러나 생각해보면 그렇게 공포 속에 두려움만 계속 느끼고 살고 있다면 언제까지 이대로 두려움을 안고 살아 갈 것입니까? 세계 챔피언의 영광을 경험한 복서들의 이야기를 들어보면, 그들은 하나같이 '링'에 올라가면 상대를 두려워 해 본적이 한 번도 없다고 말 하고 있습니다. 오히려 그들이 두려워하는 건 '링'에 오르기까지의 준비과정이였다고 말합니다.

"겁을 먹는 것과 까닭 없이 불안한 두려움은 확실히 구분 되지만 그러나 대부분은 단지 상상력의 기능을 할 때 중단시키는 능력의 결여로 보면 되겠습니다."

- 헤밍웨이 -

불안하고 공포에서 벗어나고 싶다면, 숨지 말고 당당히 드러내야 합니다. 인간(人間)의 모든 감정은 우리 인생(人生)에 꼭 필요한 심리적 "생존 필수품" 입니다. 무섭다고 피하기보다는 같이 끌어안고 가야 할 소중한 항목입니다.

치료 받고 있는 병원에서 어느 날 더 이상 치유 할 수 없다는 청천벽력 같은 선고를 받은 사람이 소생하는 기적과 같은 경우에는 기쁨과 사랑과 감사가 넘치는 생활을 실천함으로써 저항력을 향상 시켰기 때문이라 생각합니다.

그동안 내가 괴로울 때나 나의 삶이 힘들 때 그 원인을 외부에서 찾고자 하였으나 하지만 그 원인은 바로 나에게 있다는 것을 알게 되었습니다. 아무리 상대를 탓을 해도 변화되는 것은 하나도 없었습니다.

내가 편해지고 내 마음이 좋아지기 위해선 결국 마음의 틀을 깨어야 하는 것도 바로 '나'인 것입니다. 내 마음에서 일어나는 두려움과 슬픔, 모두 나의 습관적인 심리 상태 일 수도 있습니다. 그러므로 결국 나에 삶의 방향도, 나의 DNA도, 나의 외부의 어떠한 것도 아닌, 바로 '나'라는 것을 깨닫게 합니다.

내 마음을 내려놓고 내 주변과 나를 돌아보며 감사한 마음을 갖고 살아가야 할 것입니다,

사람은 정신적인 안정을 갖춤으로 스스로의 병을 이길 수 있는 능력을 갖게 되는 것입니다.

갈등과 고통과 욕구불만을 갖게 되면, 항상 생존을 위한 시달림을 받으며, 불안을 경험하지 않을 수가 없습니다.

아름다운 정서는 생명보존에 직접적인 의미를 갖고 있기 때문입니다. 이 시간 불안, 갈등, 증오, 따위의 장애요인은 모두 사라지게 한다면, 질병에 대한 두려움이 없어지고 몸이 이로운 호르몬 분비가 샘물처럼 솟아나 건강 증진을 보장 받게 될 것입니다.

"정신이 건강해야 삶이 행복 합니다"

〈멘-트〉

어떻게 시간을 지배 할 것인가요?

시간은 두려움을 느낄 때 느리게 흘러가고 즐거울 때에는 총알처럼 지나갑니다. 화가 나 있을 때 의도적으로 마음을 가라앉히기 위해서 90초를 기다려라. 자신이 시간을 향해 달려간다고 생각하기보다는 시간이 자신을 향해 움직인다고 생각하는 것이 도움이 됩니다.

32

"멍 때리는 시간을 가져 봅시다"

아무 생각 없이 멍하니 있는 상태를 뜻하는 '멍 때리기'는 바쁘게 일하던 뇌가 잠시 휴식을 취할 기회이기 때문에 건강에 매우 이로운 효과를 낸다고 합니다. 실제로 이런 효과 때문에 전문가들은 기억을 높이고 창의적인 생각을 하기 위해서는 하루 15분 정도 '멍 때리기'시간을 가져 뇌를 쉬게 하는 것이 좋다고 합니다.

잠시나마 뇌가 휴식을 취할 수 있는 '멍 때리기'를 하다보면 평소 우리가 얼마나 분주하게 정신없이 살아가고 있는지? 실감나게 알 수가 있습니다. 어떤 사람들은 산에 올라가서 명상하기도 하고, 캠핑 가서 모닥불을 피워 놓고, 타오르는 불을 보면서 무념무상(無念無想)으로 있는 시간이 좋아 일부러 캠핑을 떠나 잠시 머리의 전원을 꺼두는 시간을 의도적으로 가지는 것이 필요 할 것입니다.

우리의 뇌가 외부 자극을 흡수하고 정보와 지식을 소화하고 그 결과로 판단을 내리는 세 가지 과정을 반복한다면 가장 많은 시간을 쓰는 건 어디일까? 개인별로 편차가 크지만, 직관적으로는 첫 단계에 가장 많이 노출이 될 것 같습니다.

'멍 때리는' 시간의 가치는 잠시 외부 자극을 차단하고 소화하고 판단하는 데만 나의 뇌를 오롯이 사용 하도록 만드는 것에 있습니다. 마치 탁월한 지휘자가 오케스트라를 조율하듯 스스로 뇌를 조율할 것입니다.

사람의 뇌는 몸무게의 약 3% 정도에 불과 하다고 합니다. 그러나 몸이 사용하는 에너지의 20% 가량을 사용한다고 합니다.

잠깐의 휴식은 기억력, 학습력, 창의력에도 도움도 주기도 하지만 '멍 때리는' 동안 우리의 뇌는 습득한 정보를 정리해 다시 새로운 활동을 하기 좋은 환경을 만드는 것입니다.

우리의 질병이 있는 환우들에게도 잠시 휴식을 취하고 '멍 때리기'를 한다면 육체는 더욱 더 뇌혈류 흐름을 원활하게 해 정신적으로도 안정과 치료에 효과적인 아이디어로 지혜가 떠오를 것입니다.

축구선수들이 후반전에는 체력이 떨어져 경기력이 둔화될 때, 그때 정신을 집중하여 최선을 다 한다면 그 경기는 반드시 승리 할 것입니다.

현대 사회에서 매일 같이 하루하루 바쁜 삶을 살지만, 잠시 하던 일을 멈추고 멍 때리기' 시간을 가져 본다면 하루의 삶이 예전과 달리 또 다른 행복한 삶이 될 것이라 확신 합니다.

〈멘-트〉

'멍 때리기' 생각만 해도 몸이 달라진다.

1) 집중력이 생기면서 마음이 흔들림이 없어집니다.

2) 자기 치유가 빨라집니다. 자신에 문제의 질병을 스스로 알아차리고
질병으로부터 자신을 지켜내는 내면의 힘이 생기게 합니다.

3) 집착이 사라지고 자신을 컨트롤 할 수 있는 힘이 생기게 됩니다.

4) 집중력이 향상되고 인간(人間)관계가 좋아집니다.
타인의 대한 배려와 세상을 바라보는 지혜가가 떠오릅니다.

33

"의료진을 향한 환자의 믿음과 신뢰"

건국대병원 의료원장 **이홍기** 교수
(KBDCA .2021 /3~4월호 칼럼에서)

믿음에는 믿음의 상대자에 따라서 여러 종류의 믿음이 있다. 부모 형제 자매 사이의 가족 구성원 간의 믿음, 학연과 지연에 의한 동료와 선후배 사이의 믿음, 직장 및 사회 공동체 구성원 사이의 믿음, 신(神)에 대한 믿음, 의사와 환자 사이의 믿음 등, 사람 사이에서 믿음의 대상은 상대방에 개한 신뢰이다. 믿음의 상대자가 누구냐에 따라서 믿음의 정도의 차이가 있을 수 있고 그 믿음이 지켜지지 않았을 때 갖는 실망과 분노의 정도도 차이가 있다. 사전에서는 믿음을 "어떠한 사실이나 사람을 믿는 마음"으로 정의하고 있고, 신뢰는 "타인의 미래 행동이 자신에게 호의적이거나 또는 최소한 악의적이지는 않을 가능성에 대한 기대와 믿음"으로 정의 하고 있다.

최근 정은이 사건에 대해서 많은 사람들이 분개하고 슬퍼하는 이유는 아이가 양부모에 대해서 가질 수 있는 최소한의 신뢰와 믿음이 송두리째 짓밟혔기 때문이라고 생각한다. 영유아기 시절 아이가 부모를 포함한 보호자와 안정된 애착을 형성하지 못하면 성장 후 타인과의 원활한 사회적 관계를 회피하고 타인에 대한 신뢰도가 낮게 된다고 한다. 세상을 처음 접히는 아이에게는 가족만큼 중요한 상대자는 없다.

의사와 환자 사이의 믿음과 신뢰에 대해서 말씀드리고자 한다. 확증편향(確

證偏向)이란 원래 가지고 있는 생각이나 신념을 확인하려는 경향성이라고 한다. 사람은 자신이 원하는 결과를 간절히 바랄 때, 어떤 사건을 접하고 감정이 앞설 때, 뿌리 깊은 신념을 지키고자 할 때 확증편향을 보인다고 한다. 정도의 차이는 있겠지만 누구나 확증편향이 있다고 생각한다. 특히 자신에게 심각한 질병이 발생하면 이러한 심리적 경향은 더욱 강하게 표출될 수 있다. 인터넷을 통한 정보공유가 활발한 요즘은 건강과 질병에 관한 정보가 정말 형용하기 어려울 정도로 많이 쏟아져 나오고 있다.

사정이 이렇다 보니 환자가 주치의로부터 특정 질병을 진단 받거나 이에 대한 치료법을 권고 받으면 곧바로 인터넷을 검색하든지 혹은 지인들을 통해서 진단은 올바른지 치료법은 적절한지를 확인하고, 본인이 얻은 정보와 주치의의 견해가 다르면 주치의의 전문지식을 의심하곤 한다. 물론 신중을 기하기 위해서 두 번째 전문의의 의견을 구하는 것은 바람직하나, 해당 분야의 전문의가 아닌 비전문가가 대중매체를 통해서 전하는 의학정보에 의존하는 것은 문제가 잇다. 특히 환자 본인의 생각이나 신념을 뒷받침하는 견해만을 추종하는 것은 위험하기까지 하다.

전문의라 할지라도 해당분야에 관란 모든 최신의 전문지식을 정확히 알 수는 없지만 대다수의 전문의들은 새로운 전문지식을 습득하여 의료현장에서 환자에게 최선의 의료서비스를 제공하기 위해서 부단히 노력하고 실력을 갈고 닦는다. 또한 대한의학회를 비롯한 각 분야의 전문학회들은 전문의들이 해당 분야에서 전문의 자격을 유지하기 위한 최소한의 교육을 의무화하고 회원들의 교육에 만전을 기하고 있다.

일반적으로 의사는 전문용어에는 익숙하지만 환자가 쉽게 이해할 수 있는 정보 전달에는 서툴 때가 종종 있고 이로 인해서 불필요한 오해가 발생하고 의사소통이 안되는 경우가 있다. 따라서 정확하고 신뢰할 수 있는 의학정보를 환자에게 효율적으로 전달하기 위해서는 항상 환자의 눈높이 맞는 이해하기 쉬운 의사전달이 반드시 필요하다.

결론적으로 의료진을 향한 환자의 믿음과 신뢰를 얻기 위해서는 환자에 대한 존중과 이해가 선행되어야 하고, 환자의 의료진에 대한 믿음과 신뢰는 훌륭한 치료 결과로 이어진다고 믿는다.

34

“호흡도 운동(큰 숨쉬기 훈련)”

폐 노화와 대처법

세브란스병원 노년내과 **김광준** 교수

우리 몸에서 평생 잠시도 쉬지 않고 계속 일하는 대표적 장기가 폐이다.

숨을 쉬지 않으면 곧 죽음을 의미하기 때문에 폐는 끈임 없이 움직여야 한다. 그 만큼 힘들고 이른 나이에 늙을 수 있다. 하지만 폐는 스스로 노력해 아끼고 튼튼하게 할 수 있는 내부 장기이다.

나이 들수록, 호흡을 깊고 길게 못해

최대로 들이쉬고 내쉴 수 있는 공기량이 줄어든다. 숨쉬는 최대 능력, 폐활량이 갈 수록 떨어진다는 의미다. 기관지는 누적된 염증 변화로 점점 좁아지고, 흉곽의 호흡근은 약해진다. 그 결과 숨을 깊게 오래 쉬기가 어려워진다.

폐의 산소 교환 효율도 떨어져, 숨을 열심히 쉬어도 몸에 필요한 산소가 충분히 공급되지 않는다. 혈중 산소 농도가 낮아지니, 나이 들면 숨을 더 자주 쉬게 된다. 그렇게 되면 혈압도 올라가고 심장에 부담이 생긴다. 숨을 더 빨리 많이 쉬어야 하는 악순환이 일어난다. 폐는 지치고. 숨은 차다.

가래 배출도 잘 안되어 폐 안에 오염 물질이 쌓이게 된다. 물이 고이면 썩듯이, 가래가 폐에 고여 있으면 염증이 생긴다. 외부 세균에 대한 저항 능력도 떨어져, 폐렴 발생 위험이 높아진다. 일반적으로 이러한 노화과정이 병세로 나타나지 않는다. 일상생활 정도의 움직임에서는 불편함이 없다. 그러다가 달리기, 자전거 타기, 등산과 같은 유산소 운동이나 과격한 활동을 할 때 예전과 달리 숨찬 증상을 느끼게 된다.

호흡도 운동, 훈련하면 좋아져

폐 기능에 가장 나쁜 것이 담배다. 젊은 폐를 유지하려면 무조건 금연이다. 미세먼지, 공기오염도 해롭다. 공기 좋은 곳에서 살 수 없다면, 집에서 공기 청정기를 쓰는 게 좋다.

호흡은 운동이다. 훈련하면 호흡도 좋아진다. '큰 숨쉬기' 다. 평상시 깊게 숨을 들이쉬고, 내쉬는 연습을 하는 게 좋다.

날숨 들숨 호흡 한번에 10초, 1분에 6번 숨을 쉬면된다.
숨을 3초간 최대한 깊게 들이쉬고 1초 동안 멈춘 다음, 입술을 오므리면서 6초간 천천히 숨을 뱉는다.

이런 세트를 하루에 여러 번 하면 좋다. 입을 오므리고 숨을 내쉬면 공기 압력이 작은 기관지에 전달돼 내경이 더 넓어져 허파꽈리에 남아 있는 공기가 밖으로 잘 배출된다. 잔여 공기 청소 효과를 낸다.

한 번에 숨을 뱉지 않고 '훅훅훅' 3번 나눠서 뱉는 연습도 좋다.
빨대로 숨을 뱉는 연습도 해보자.
작은 기관지가 열리는 효과가 더 크고,폐를 폈다 줄였다 하는 갈비뼈 사이 호흡 근육과 횡경막 기능이 단련된다. 우선 8cm 정도 길이의 빨대를 입술에 물고 코로 숨을 들이 쉬었다가 내쉴 때는 빨대를 통해 천천히 내뱉는다.

여기에 익숙해지면, 물 컵에 빨대를 꽂고 내쉬는 훈련을 한다.

빨대 길이를 늘리거나, 물 컵 물 양을 늘리면 내쉬는 강도를 더 세게하는 훈련이 된다.

배에 힘을 주고 기침하는 연습도 권한다. 가래를 잘 뱉기 위해서 기침 잘 하는 것이 중요하기 때문이다. 두 손을 깍지 끼고, 명치부위를 위쪽으로 누르면서 기침하는 연습을 해보자. 가래를 잘 뱉는 것만으로 폐렴을 줄일 수 있다.

전신 유산소 운동이 호흡에 도움 된다.

숨이 약간 찰 정도로 일주일에 3회 이상, 3개월 이상해야 호흡이 좋아지는 효과를 얻을 수 있다. 폐활량이 늘어나고 호흡근도 강화된다.

고령자에게는 암보다 무서운게 폐렴이다.

사망순위 3~4위다. 당장은 코로나19 백신을 맞고, 겨울이 오면 인플루엔자 독감 백신도 맞아야 한다. 폐렴을 가장 흔히 일으키는 박테리아가 폐렴구균이다. 이를 예방하는 백신은 두 종류가 나와 있는데, 시차를 두고 둘 다 맞는게 좋다. 현재 65세 이상은 폐렴구균 백신 한 가지를 무상으로 맞을 수 있다.

35

“하루하루 회복의 탄력성으로 극복합시다“

우리의 인생(人生)은 살아가면서 시련과 역경을 피해갈 방법은 없는 것 같습니다. 크고 작은 고난을 이겨내고 다시 일어서는 힘을 심리학자들은 회복 탄력성 (回復 彈力性)이라고 합니다.

실패나 부정적인 상황을 극복하고 원래의 안정된 심리적 상태를 되찾는 성질이나 능력을 말하며, 심리적으로 역경이나 고난을 이겨내는 긍정의 힘이라고도 합니다.

2021년 6월8일 아침마당에 출연한 한 청년 박위 군은 불의의 안전사고로 말미암아 전신이 마비가 된 그는 좌절과 낙심과, 부정과, 포기를 하지 않고 여러 가지 부정적인 생각을 버리고 긍정적인 힘으로 매일매일 기적적인 삶을 살아가고 있는 것을 텔레비전을 통하여 확인 할 수가 있었습니다.

왜 누구는 기적을 체험하면서 살아가고 있고, 누구는 기적에 삶을 살지 못하는 것인가? 자기와의 싸움입니다. 내가 어떻게 하느냐에 따라서, 그 결과는 행위로 나타나게 됩니다. (많은 사람들은 99%는 이해 하지만 실천하지 못하는 사람보다, 99%는 이해는 못해도 1% 실천하는 사람이 더 행복하고 성공의 지름길이 빠르다고 합니다.)

긍정의 힘 (조엘 오스틴) 정성묵 옮김 글에서 보면, 마지못해 인생(人生)을 살아가지 말고 열정을 품어라.
믿음의 힘으로 뛰어난 사람은 옳은 일을 하기위해 애 쓴다고 합니다.
자신과의 관계가 좋은 사람이 타인과도 좋은 관계를 유지 한다고 합니다.

(사람을 끌어당기는 자기 긍정의 힘이 있기 때문입니다.)

어떠한 고난에 유연하게 적응하는 동시에 인내심을 갖고 삶의 침체기를 극복해 한발 앞으로 나아가는 능력(能力)을 갖추어야 할 것입니다.

하나님은 우리 인간(人間)에게 능력(能力)과 재능(才能)을 100 % 주었으나 일평생(一平生) 살면서 100 %에서 10 %만 사용하고 살아가고 있으며, 나머지 90 %는 단념(斷念)과 포기하며 살아가고 있다고 합니다. 오늘 이 시간부터 잃어버린 90%의 능력과 재능을 찾아야 하겠습니다.

능력을 찾으려면 어떻게 해야 하나요?

1. 머릿속에서 그림을 그려야 합니다.
(내 몸에 질병이 있다면 치료 될 수 있다는 꿈을 그려야 합니다.)
2. 과거의 잘못된 삶을 과감하게 지워버려야 합니다.
(과거는 역사 속에서 알 수가 있고, 현재는 내 눈으로 보고 알 수가 있지만, 미래는 지금 내가 무엇을 하고 있느냐에 따라 오직 하나님만이 알 수가 있습니다.)
3. 인생(人生)의 좌표(座標)를 지금 설정하여야 합니다.
(지금 인생(人生)의 삶이 1도 (∠) 밖에 차이가 나지 않지만 점점 가면 갈수록, 나중에는 엄청나게 벌어지는 것을 알 수가 있습니다.
〈 즉, 하늘과 땅 차이 〉) 지금 1도를 바로 잡으십시다.
4. 열정을 가지고 적극적으로 실천해야 합니다.

성경 : 다니엘 12장 3절 말씀에는

지혜 있는 자는 궁창의 빛과 같이 빛날 것이요 많은 사람을 옳은 데로 돌아오게 한 자는 별과 같이 영원토록 빛나리라.

인생(人生)의 삶은 행복(幸福)과 불행(不幸), 또한 성공(成功)과 실패(失敗)가 서로 교차 되지만, 나의 행위에 의해서 결정 됩니다.

무엇을 어떻게 어떤 방향으로 바라보느냐 따라서 가치는 엄청나게 달라지기 때문입니다.

왜냐하면 땅에서 보면, 지평선적으로만 바라보게 되지만, 하늘에서 내려보듯이 보면, 수직선적으로 보는 것이 더욱 더 중요한 가치가 있기 때문입니다.(얼마나 오래 사느냐가 문제가 아니라, 어떻게 사느냐가 더 중요한 문제입니다)

우리 인류의 뇌는 부정적인 것에 초점을 맞추도록 진화 되어 있다고 합니다. 그래서 우리는 칭찬 세례를 받고도 비판 한마디에 잠을 못 이루며,가족에게 저지른 한 번의 실수를 만회하기 위해서 몇 배의 노력을 기울어야 합니다.

부정적인 것은 전염력이 엄청 큽니다. (썩은 사과 하나가 상자 속에 있는 사과를 모두 부패 시키듯 부정적인 생각과 분위기는 전염성이 엄청 강하게 느껴집니다.)

부하 직원을 한번 야단치고 다시 만회 하려면, 4번을 칭찬 하여야 만회가 된다고 합니다. 부정적인 생각과 부정적인 말 한마디가 얼마나 중요한지?

우리는 일상생활 속에 살아가면서 때로는 가까이 가 보아야 자세히 세밀하게 볼 수가 있습니다. 그러나 전체를 보려면 뒤로 물러서야 잘 보입니다. 우리의 삶도 어떠한 고난과 역경, 근심, 걱정, 염려 모든 것들도 물러 설 수 있는 우리들의 마음이 있어야 이겨 낼 수가 있습니다.

한 번 더 참고 인내하며 한 걸음 물러 설 때, 부정적인 생각에서 긍정적으로 삶으로 바뀌면서, 세상은 모든 것이 아름답고 희망과 소망이 이루어져 행복한 삶이 되는 것입니다.

36

"보이지 않는 공기, 누구나 다 마신다고 장담 하지 마라"

이경록 글

그대는 공기를 마음껏 마실 수 없는 환자들의
그 고통 그 느낌을 알고 있는가?

언덕길 아닌 평탄한 길, 한발자국 한발자국 걸음을 옮길 때마다
숨 가쁘고, 숨고르기 반복하는 그 소리를 그대는 들어 보았는가?
한탄하는 소리도 아니요, 한숨 쉬는 소리도 아닙니다.

내 몸이 산소가 부족하다고 울부짖는 그 소리,
하루에도 셀 수 없이 산소 포화도와 심장 맥박수는 왜 이렇게 파도를
치는지 그대는 그런 소리를 몸으로 느껴 보았는가?

공짜 공기를 누구나 다 마신다고 함부로 단정 하지 마라.

그대는 공짜 공기도 마음껏 마실 수 없는 환자들의 그 고통,
그 괴로움을 알고 있는가?

가파른 길이 아닌 평탄한 길을 산소통 하나 의지하고 한발자국 한발자국
걸음을 옮길 때, 앞에서 땀을 흘리며 운동하는 사람들의 그 모습이
얼마나 부러운지 그대는 느껴 보았는가?

세상 사람들도, 동·식물도 누구나 다 부담 없이 공기를 마음껏 마시는데,
폐섬유화증 환자들은 산소통을 의지하고 살아가고 있는
그 안타까움 그 심정! 그대는 생각 해 보았는가?

오늘도 내일도 들숨, 날숨을 고르며 기다리고 기다려본다.
이 시대에 살고 있는 희귀병 폐섬유화증 환자들에게
신약 치료제가 언제나 나올런지, 오늘도 내일도 기다려 보며,
희망을 가져 본다.

〈멘-트〉

햇빛 (태양)을 바라보면 그림자는 내 등 뒤에 물러갑니다.
햇빛 (태양)을 바라보면 어둠에 세계는 물러 갈 수밖에 없습니다.
일상 삶 속에 주님을 바라보듯, 주님을 바라보면, 악한 죄, 어둠에
세계(그림자)는 물러가게 됩니다.

37

“폐섬유증“

1. 폐포의 구조

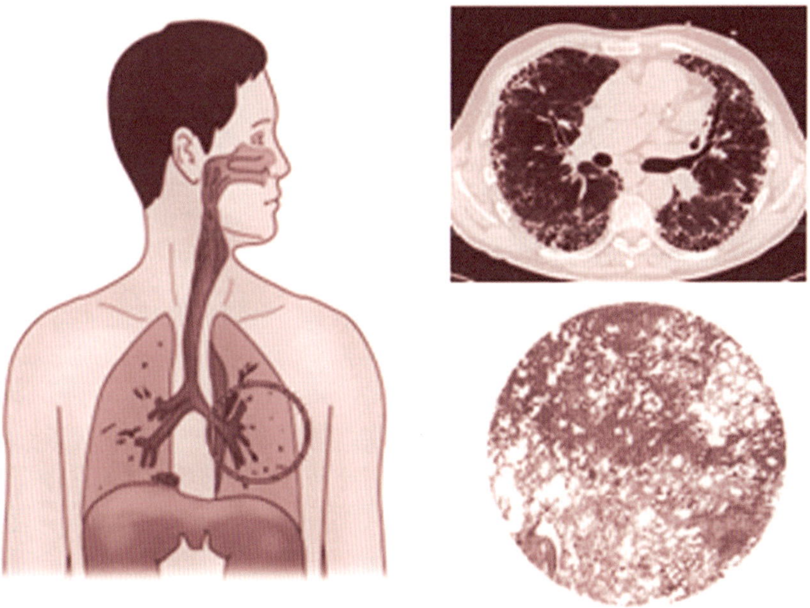

특발성 폐섬유화증

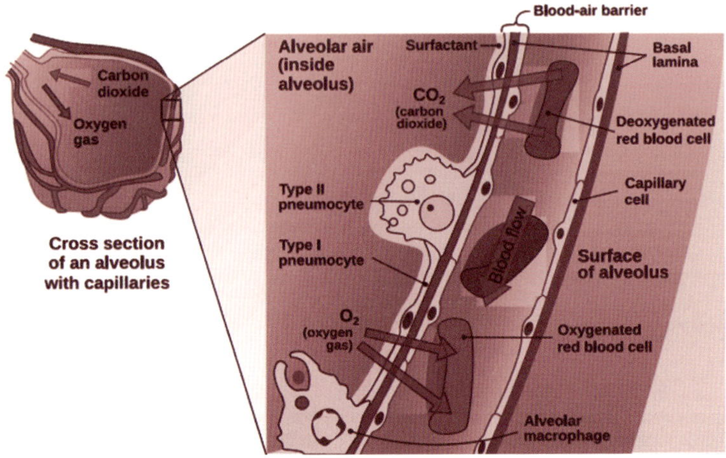

폐포의 구성 및 역할

https://upload.wikimedia.org/wikipedia/commons/1/13/Cross_section_of_an_alveolus_and_capillaries_showing_diffusion_of_gases.svg

2. 폐섬유화란?

그 이름이 의미하는 것 처럼 폐조직에 염증이 생겨 굳어짐으로 폐포의 혈관에 산소공급이 안되어 호흡하기 어려운 상태로 만드는 것을 의미 한다. 이 질환은 염증 및 경화로 대표되는 200가지의 폐상태 대부분이며 간질성 폐질환(Interstitial Lung Diseases: ILD)이라고 하고 그 중에 특발성 폐섬유증(Idiopathic Pulmonary Fibrosis: IPF)은 가장 일반적인 형태이고 현재 진행형인 난치병이다.

2-1 증상

폐섬유증은 폐 조직이 경화 됨으로 원래의 팽창과 수축을 기능을 잃어버림으로 인한 가장 일반적인 증상으로는 마른 기침 혹은 밭은 기침을 하며 기침이 줄어 들지가 않고 숨이 차며, 혈중 산소 포화도가 떨어진다.(Hypoxemia) 이로 인해 피곤하며 근육통과 관절을 포함한 어딘지 모른 불편함 혹은 통증을 느낀다. 다른 증상으로는 손가락과 발가락의 곤봉지 현상 (끝단이 넓어지고 둥글어 지는 현상) 그리고 식욕부진으로 체중 감소등이다. 이러한 증상들은 환자의 삶의 질에 심각한 영향을 미친다.

2-2 원인

대부분 이병의 원인을 규명할 수가 없으며 이런 경우 특발성 폐섬유증이라고 한다. 다른 경우에는 원인들은 다양한 자가면역질환, Scleroderma 그리고류마티즘 관점염에 의한 경우가 있다. 또한 폐 섬유증은 유전인자에 의해 가족중에 발생 될 수 있다. 같은 가족에서 2명 이상의 구성원이 IPF가있는 경우, 가족 폐 섬유증으로 재분류 되고가족 폐섬유증 케이스의 대략 15% 정도이고 그리고 때때로 IPF를 가진 사람들에서 두 유전자에, TERC와 TERT 돌연변이가 일어 났다. 이 유전자는 텔로미어에게 불린 염색체 끝의 구조 그리고 길이를 유지하는 책임 있는 텔로머라아제에게 불린 효소의 분대를 만들기위한 지침을 제공한다. 텔로미어 길이는 노화와 노화 관련 질병과 관련이 있는데 어떻게 폐 섬유증을 일으킬 수 있는지는 알려 지지 않고 있다.

담배 연기와 석면 같은 손상을 입히는 입자와 같은 공기중 독소에 노출은 특정 약물과 마찬가지로 폐 흉터를 일으킬 수도 있다.

2-3 진단

폐기능 테스트는 사람의 호흡 능력을 측정하는 데 사용할 수 있고, 흉부 엑스레이, 기관지 검사 및 기타 이미징 기술을 이용한 폐 흉터 및 조직 손상의 정도를 결정하는 데 사용될 수도 있다. 혈액 검사및 맥박 산소량 측정을 통해 혈액 산소 수준을 측정 한다.

개인이 폐섬유증(PF)를 증상이 있다고 판단 할때는, 일밤적인 진단 프로세스는 환자의 병력을 분석 한다. 추가로 나이, 흡연의 기간, 직장에서 폐를 손상

할 수 있는 공기의 환경 요소 또는 취미, 법적 및 불법 약물 사용 이력, 다른 잠재적 인 의료 조건, 가족 병력, 증상이 얼마나 오래 경험되었는지 등을 참조 하며 또한 의사는 일련의 검사를 권하며 그 중 일부는 아래와 같다.

2-3-1 동맥 혈액 가스 검사

이 검사는 동맥 혈액이 전 신체로 공급 될 때 산소를 운반하는데 PF를 가진 사람들의 폐에 형성하는 흉터 조직은 산소를 원활이 이동을 시키지 않음으로 혈액이 산소를 흡수 하지 못 한다. 따라서 폐 섬유증이 의심되는 환자들에서 동맥 혈액에서 산소와 이산화탄소 사이의 균형을 평가하기 위해 동맥 혈액 가스 분석이 수행된다.

2-3-2 기관지 검사

이 검사는 기도의 내부를 보는 데 사용되는데 환자의 코 또는 입을 통해 끝에 빛을 발광하는 디바스를 장착한 작은 튜브를 목구멍 속으로, 기관지, 폐 기관지까지 삽입하여 폐 문제의 원인을 확인하기 위해 사용된다. 그것은 종양, 감염의 표시, 기도에 있는 과잉 점액 및 폐에 있는 출혈 또는 막힘을 검출할 수 있다.

2-3-3 흉부 X선

이 검사는 심장, 폐, 갈비뼈 및 횡격막을 포함한 흉부 구조의 이미지를 생성하는 방법으로 신속하고 고통없는 영상 촬영 하는 방법이다. 생성된 영상은 흉터 조직을 그림자로 나타내며 분석 하여 PF 가능성을 확인 할 수 있다 .

2-3-4 심전도

심전도 (ECG)의 간단한 방법으로 심장의 전기적 활동을 감지 할 수 가 있다. 이 검사를 통해 심장의 리듬이 꾸준하거나 불규칙한지, 심장이 얼마나 빨리 뛰는지 보여줄 수 있다.

2-3-5 운동 테스트

이검사는 러닝 머신 또는 고정 자전거를 이용한 심혈관 상태를 평가하는 것으로 폐와 심장이 신체 활동에 얼마나 잘 반응하는지 측정하고 혈액의 산소 수준을 평가한다.

2-3-6 고해상도 컴퓨터 단층 촬영 (HRCT)

이검사는 IPF를 진단하는 중요한 도구이며 이 방법을 사용하여 다음과 같은 것들을 관찰 할 수 있고, 지상 유리 불투명도(Ground-Glass Opacities), 통합(Consolidation), 망상(Reticulation) and 벌집 형태 (Honeycombing) 망상과 벌집 형태를 보고 섬유화의 진행 정도를 판단 하기도 한다 .

2-3-7 폐기능 시험

폐에 흡입 또한 방출하는 공기 흐름 의 속도와 사람의 추정 폐 크기를 측정하는 방법이다. 이 검사는 천식, 만성 폐쇄성 폐 질환 및 호흡에 영향을 미치는 기타 질환을 포함한 다양한 폐 질환을 진단하는 데 사용하고 있으며 또한 치료가 효과적인지 판단 하기위해 사용 되고 있다.

2-3-8 생검 수술

생검은 PF를 진단하는 가장 신뢰할 수 있는 방법인 외과적인 시술이다. 조직 샘플을 환자의 폐에서 체취하여 폐 벽의 흉터의 형상 및 두께등을 확인 할 수 가 있다. 외과 의사는 개흉 절개 또는 복강경 시술을 선택할 수 있고 어떤 수술을 수행할지에 대한 결정은 각 의사의 의견에 따라 달라 진다.

2-4 치료

폐에 한번 생긴 흉터는 영구적이며 재생 될 수가 없다. 따라서 치료는 주로 폐 섬유증의 증상을 관리하고, 질병의 근본 원인을 알려진 경우에만 치료하는 데 중점을 두고 있다. 알맞은 운동, 균형 잡힌 영양가 있는 식단, 건강한 생활 습관으로 악화되는 증상을 완화하고 질병 진행을 늦추게 할 수가 있다. 질병이 진행되어서 증상이 심화 된 경우 호흡을 하기 쉽게 하는 것 부터 통증 완화에 이르기까지 통증 치료는 질병이 발전하고 증상이 악화됨에 따라 필요할 수 있다. 심각하고 광범위한 폐 손상의 경우 폐 이식이 권장될 수 있다.

의사는 질병의 진행 상태를 더 잘 이해하고 관찰하기 위해 환자의 폐 섬유증 진행을 몇개의 단계로 정의를 해 왔었다. 이러한 전통적인 단계는 환자의 강제 체적 용량 (FVC) 테스트의 결과에 의한 방법으로 약 3분밖에 걸리지 않는 간단한 테스트이다. 환자는 최대량의 공기를 들어 쉰 후 최대한의 공기를 방출 하면서 이때 공기량을 Spirometry라는 계측기를 통해 측정을 한다. IPF 진행 단계를 이장비의 점수에 따라 결정되는데 75% 이상의 예측된 FVC 값은 초기(Mild)로 판단하며, 50%에서 75%는 중기(Moderate)로 간주되며, 25%에서 49%는 말기(Severe) 25% 미만은 매우 심각 말기로 간주된다. 하지만 이러한 전통적인 방법은 한계가 있다.

왜냐하면 전염병적 또는 생물학적 데이터를 기반으로 하지 않고 있기 때문이다. 이러한 방법은 폐 섬유증의 진행을 근사화하는 데 도움이 될 수 있지만, 폐 섬유증의 진행이 선형이 아니며 각 환자에 따라 고유하고 독특하게 진행됨으로 전통적인 방법에는 여전히 한계가 있다. 최근에는 나이, 최근 호흡관련 입원 이력, 기본 FVC, 24 주 동안 측정한 FVC 변화율 및 가능한 Biomarkers와 같은 요인을 고려한 새로운 단계에 대한 연구를 하고 있다. GAP 방법이라고 알려진 이 기법은 성별(G), 나이(A), 폐 기능 검사를 통한 두개의 생리학적 데이터 (FVC 그리고 DLCO) 를 고려하고 있다.

참조:

http://pulmonaryfibrosismd.com/stages-of-idiopathic-pulmonary-fibrosis/

http://err.ersjournals.com/content/23/132/220

2-5 PF 환자로써의 삶

폐 섬유증(PF)과 같은 만성 및 진행형 질병으로 사는 것은 매우 어렵다. 생활 양식 변경, 호흡 곤란에 대처, 여행 및 정서적 안정 문제를 포함하여 고려해야 할 많은 것들이 있다. 이러한 과제들을 하나 하나 처리하고 적응하는 방법을 배우면 환자가 삶의 질을 유지하거나 개선하고 일상 활동을 하는 데 도움이 될 수 있다.

생활 양식의 변화는PF를 가진 사람들의 삶의 질을 유지하거나 향상시키기 위하여 정규로 할 수 있는 많은 일들이 있는데 몇몇 적당한 운동을 하고, 건강한 식단 채택, 필요에 따라 휴식, 금연 , 스트레스를 감소시키기 위하여 이완기술을 사용하고, 환우회에 가입하고, 헬스케어 전문가의 도움을 얻어 체력을 유지 하는 것 들이다.

호흡이 어려워짐에 따라 여행하는 것은 어려울 수 있지만 불가능하지는 않으며 몇 가지 준비를 통해 더 쉽게 만들 수 있다. 비행기 탑승이 안전한지 여부를 결정하고 비행기에 휴대용 산소기를 소장하며 또한, 외식 하는 동안 소금 섭취를 제한 하는 것이다. 호흡 곤란시에는 평소보다 조금 느리게 활동을 하고 호흡 속도를 조절하며, 충분히 휴식을 취해 언제 활동을 중단하고 시작해야 할지 아는 것은 호흡 곤란을 관리하는 중요한 것이다 .

시간이 지남에 따라, PF를 가진 환자는 공포, 불안, 긴장, 또는 우울 와 같은 정서적 문제를 야기 할 수 있다. 의료 팀 이나 전문 카운슬러와 상담 하는데 도움이 될 수 있고 환우회등에 가입하여 그밖 환자와 교류를 통해 도움을 받을 수가 있으며. 가족과 친구들은 스트레스를 해소하는 데 도움이 될 수 있다.

2-6 폐섬유증의 유형

폐섬유증은 폐의 두껍게 하고 흉터 (섬유증)를 특징으로 하는 심각한 질병이다. 폐에 있는 섬유회의 진행은 산소가 폐포의 벽을 통과하여 혈류에 도달

하는 것을 어렵게 만든다. 다른 폐 섬유증 유형은 모두 폐에서 흉터로 이어지지만 다른 요인에 의해 발생할 수 있습니다.

2-6-1 특발성 폐섬유증(Idiopathic Pulmonary Fibrosis: IPF)

몇 몇 식별 가능한 질병 및 조건들은 폐의 흉터로 야기 시킬 수가 있어나 그러나 PF 케이스의 대다수는 알려지지 않은 이유에 기인하는데 이런 경우 특발성 폐섬유증으로 진단된다(IPF). "특발성"에 대한 의미는 "원인을 알 수 없다는 의미이다. "폐섬유증의 많은 케이스가 확인할 수 없는 요인에 기인하기 때문에, 질병을 치료 하기가 더욱 더 어렵다. 현재 미국 식품식약청 (FDA) 승인된 지연 치료제 (Esbriet 및 OFEV)이고, 아직도, IPF는 진단 후에 3년 혹은 5년 환자의 생존율을 가진 아주 심각한 질환이다. IPF의 1차 합병증은 호흡부전이지만 폐고혈압, 심부전, 폐렴 및 폐암도 합병증일 수 있고 희귀 질환으로 간주된다. 전 세계 100,000명당 약 13~20명이 질병으로 진단되고 있다.

다른 경우에는 유전적인 원인에 의해 여러 가족 구성원 중 폐섬유증 있는 경우 가족 폐섬유증으로 불린다. PF의 가족 형태는 IPF보다 더 드물다. 현재 대략 100가족들에 확인 되었다. 가족 폐섬유증은 IPF만큼 심각하지만, 가족에서 유전적, 병의 이력 패턴을 가진 환자는 의사에게 더 나은 예후로 이어질 수 있는 조기 진단을 제공 할 수있는 기회를 제공한다.

2-6-2 다른 유형의 폐섬유화

폐섬유증의 그밖 유형은 특발성 비특이적 간질성(NSIP), 폐증 조직 폐염(COP), 및 Sarcodosis를 포함한다. PF에 대한 원인은 류마티스 관절염 및 전신 경화증과 같은 자가 면역 질환일 수 있다 또한 특정 근육 질환; 석면, 실리카, 석탄 먼지, 베릴륨, 단단한 금속 먼지, 동물 성 단백질, 박테리아 또는 곰팡이를 포함한 독성 물질에 대한 직업 및 환경 노출; 다양한 치료, 약물 및 약물에 의 할 수 있다.

2-7 치료제

현재 폐섬유증에 대한 치료법이 없다(PF). 그러나 약물 치료 및 기타 치료 옵션은 환자의 삶의 질을 향상시키고 증상을 완화하며 질병의 진행을 늦추는 데 도움이 될 수 있다. 승인된 이 치료의 몇 가지 약들은 아래와 같다.

A) Cytoxan(사이클로포스파미드): 염증을 억제하는 데 도움이 될 수 있는 화학요법 제이며 특정 형태의 폐섬유증을 치료하는 데 사용되고 있다. 그것은 특정 모형의 암세포 성장을 중단하거나 둔화시켜도록 작동한다. 그것은 일반적으로 경구 혹은 정맥 주사로 투입된다.

B) Esbriet(에스브리엣) (Pirfenidone): 특발성 폐섬유증(IPF)에 대한 경구 치료제로, 이는 성장인자 베타(TGF-베타)라고 불리는 프로 염증 분자의 합성을 감소시킴으로써 염증을 감소시키는 것으로 알려져 있다. 이것은 종양 괴사 인자 알파 및 인터류신 1 베타와 같은 다른 염증 중제의 과도한 콜라겐 생산 및 분비를 감소시킨다.

C) Imuran(아자티오프린)은 면역 체계를 억제하는 약물이다. 그것은 이식시 거부 반응을 방지하기 위해 다른 약물과 함께 사용된다. 또한 다른 약물과 치료가 효과를 발휘 하지 않을 때 염증성 질환, 조직 결합 질환 및 자가 면역 질환을 치료하는 데 사용된다.

D) Mycophenolate Mofetil(브랜드 이름 셀셉트 혹은 Myfortic으로 판매); 림프구의 확산을 억제 하는 경구면역 조절제이다. 이식시 사용 외에도 TGF 베타, 증식을 제어 하는 사이토 카인의 종류, 세포 분화, 그리고 세포에서 다른 기능 일부들의 성장 인자에 작용 하기 때문에 항 염증제 및 항증식제로 사용 된다.

E) OFEV (Nintedanib): 혈관 내피 성장 인자 수용체, 섬유아 세포 성장 인자 수용체 및 혈소판 유래 성장 인자 수용체와 같은 성장 인자를 유발하는 신호 트랜스듀션 경로에 필수적인 효소인 티로신 키나아제를 억제하는 항 섬유성 약물이다. 이들은 특발성 PF(IPF) 환자에서 과잉으로 생성된다. 티로신 키나아제를 억제하고 이러한 섬유성을 촉진하는 신호 메커니즘을 차단함으로써 IPF의 진행을 늦추는 역활을 한다 .

F) Omeprazole: 위장에서 만든 산의 양을 감소시키는 경구 양성자산 펌프 억제제이다. 역류성 식도염을 를 치료 하기 위해 단독으로 혹은 다른 약물과 같이 사용된다. 역류성 식도염은 PF 환자에서 흔한 일이며 또한 다른 섬유화로 인한 증상을 악화시킬 수 있다.

G) Tyvas : 간질성 폐질환(IPF 포함)으로 인한 폐고혈압의 치료를 위해 승인된 흡입형 약물이다. 그것은 혈액이 더 적은 압력으로 더 쉽게 흐르도록 혈관을 넓히기 위하여 작동하는 prostacyclin의 활동을 하는 인위적인 분자이다. 혈관이 긴장을 풀고 넓어지도록 지원함으로써 혈압을 낮게 유지하면서 혈액 순환을 개선하도록 설계되었습니다.

2-8 약물 이외 치료법

증상을 관리하고 폐섬유증(PF)의 진행을 느리게 할 수 있는 약물 외에도 환자가 질병의 효과에 대처하고 삶의 질을 유지하거나 향상시키는 데 도움이되는 다음과 같은 치료 전략이 있다. 호흡 곤란, 폐 재활, 완화를 고려 한 치료위한 산소치료 및 폐이식이다.

산소치료법은 일반적으로 PF를 가진 환자를 위해 처방되는데 흉터로 인해 혈액에 있는 산소의 포화도가 낮은 것을 치료하기 위해 이용된다. 폐세포에 있는 흉터는 산소와 이산화탄소를 신체와 신체로 옮기는 것을 저하 한다. 순수한 산소의 꾸준한 흐름은 폐에서 산소의 농도를 증가시키고 혈류량의 산소 수

준을 상승시킨다. 향상된 호흡은 삶의 질에 영향을 미치는 건강 인자들을 개선시킨다.

폐재활은 폐섬유증과 같은 만성 폐질환을 가진 사람들의 폐건강과 기능을 개선하는 데 도움이되는 교육 및 운동 중심 프로그램이다. 이 프로그램은 병력, 증상 및 폐기능 테스트 결과에 따라 각 환자의 요구에 맞게 조정 될 수 있으며 목표는 PF를 가진 사람들이 더 나은 느낌, 체력적으로 강해지고 폐를 효율적으로 활용 할 수 있는 기술과 지식을 제공한다.

통증치료요법: 중증 환자와 그들의 가족 모두에 대한 삶의 질을 향상 시키기 위한 치료 방법으로 PF에서는 다음과 같은 일반적인 증상 완화에 초점을 맞추고, 호흡 곤란을 포함하여, 마른 혹은 만성 기침, 피로, 설명 할 수 없는 체중 감소, 그리고 아픈 근육·관절 등이다. 일반적으로 의사, 간호사 및 사회 복지사를 포함하는 전문가팀에 의해 제공 된다 .

PF 환자를 위한 폐이식은 수명을 연장하고 삶의 질을 향상을 위한 최고의 선택이 될 수 있다. PF는 현재 치료법이 없는 진행형 질병이기 때문에 폐는 결국 너무 흉터가 많이 생겨서 더 이상 작동이 되지 않는다. 따라서 폐이식은 PF 환자에게 주어지는 두 번째 기회 일 수 가 있다. 그러나 절차는 위험 요소가 많으며 전문가는 일반적으로 폐이식을 제안하기 전에 다른 모든 치료 옵션을 사용 해야 된다

참조:

Pulmonary Fibrosis Stages (pulmonaryfibrosisnews.com), June/24/2021

2장 마음이 움직이는 글

"글 속에 적힌 말 한마디가 한사람의
인생과 운명을 바꿀 수 있습니다"

01

" 무의식 속에 나를 지배하는 것이 있습니다"

무의식 속에서 항상 나를 지배하고 있는 그 마음이
(죄의 지배를 받는 옛 본성이 있기 때문에)

엡 4:22, 골 3:9

바꾸고 변화 되어야 할 터인데 -
선을 행하기 원하는 나에게 악이 함께 있는 것이로다.
내 속사람으로는 하나님의 법을 즐거워하되,
내 지체 속에 있는 죄의 법으로
나를 사로잡는 것을 보는 도다.

롬 7:21~23

네 악한 생각이 네 속에 얼마나 오래 머물겠느냐.

렘 4:14

인생은 싸움의 연속입니다.
가장 어려운 것이 자신과의 싸움,
내 안에 있는 또 다른 나,
그 내면에 나와 부딪쳐
갈등과 번민으로 이어지는 자신과의 싸움에서
승리자가 되어야 할 것입니다.

02

"예수를 영접하고 내가 믿는다는 마음은 어떤 것일까?"

세례 의식을 통하여 7번 물 속에 들어갔다 나오는 의식을 통하여 나는 죽은 뜻입니다. 그러나 우리들의 삶 속에서 반대로 나는 살고 예수 없이 살아가는 모습이 너무나 안타까운 믿음의 삶인 것입니다.

내 마음속에 항상 하나님과 함께 한다고 고백하고 자백하며 기도하는데 실제의 삶은 겉 사람과 속사람이 다르게 두 마음을 가지고 생활하면서 하나님이 안 계신다고 합니다.

하나님은 말씀하십니다. 너와 내가 담이 있어 너 가 나를 볼 수가 없는 것은 너의 죄가 너를 가리우기 때문이라고 합니다.

지금까지 내가 중심적으로 내 고집, 내 의지, 내가 주인처럼 살고 내 생각대로 행동했음을 고백해야 할 것입니다. 그러므로 하나님과 하나가 되어 한 마음으로 내 뜻은 버리고 오직 하나님의 말씀 안에서 실천하면서 살아 갈려고 최선의 노력하기를 기도해야 할 것입니다.

내가 무엇을 위해 나를 버릴 것인가를 물어야 할 것입니다.
한 알의 밀알이 땅에 떨어져 썩으면 열매를 맺습니다.
자연의 이치이지만 그러나 정신적 인격의 자기희생은 같은 질의 밀알이 더 많이 태어나는 것은 아닙니다. 말씀과 진리는 하늘나라를 건설하기 위해여 있는 것이지, 교회를 키우기 위해 있는 것이 아닙니다.

설교는 지식이 아닙니다. 어디에서 누구든지 누가 듣든지 깨달을 수 있는 설교자가 되어야 합니다. 사람이 고민하는 문제를 내버려두고, 교회 오는 한 사람을 붙들고 신앙운동이 가능할 것이라는 생각은 지나치게 폐쇄적입니다.

신앙은 우리들의 타고난 성격까지도 바꾸어 주며 새로운 인격으로 만들어 준 역할을 합니다.

03

"하나님께서는 광야와 사막 같은 인생을 걸어가는 우리들을 향해 〈영적 유목민〉이라고 질책하고 계심을 알아야 할 것입니다"

요즈음 문명과 정보 매체의 발달로 지식의 홍수 속에서 살아가고 있습니다.

사람들은 가끔 자신들이 알고 있는 지식으로 살아가고 있다고 착각하며 살아가고 있습니다. 유명한 강사가 강의하는 곳이나, 교회에 시무하는 목사의 좋은 설교를 쫓아서 몰려다니지만 정녕 그들의 삶속에는 뿌리를 내리지 못하고 방황하고 있습니다.

우리고 알고 있는 지식은 모래 알갱이 같아서 언제든지 바람이나 바닷가의 파도의 물결처럼 흘러 왔다가 쓸려가고 마는 것입니다.

머리에 알고 있는 지식이 가슴으로 내려와 마음이 되고, 손과 발로 전달되어 행동이 되어야 비로소 자신의 것이 되는 것입니다.

몸이 기억하고 실천하지 못하는 지식은 죽은 것 일 따름입니다.

목마른 사슴처럼 이리 저리 좋은 지식을 얻으려고 찾아 나서는 사람은 많지만 삶 속에 뿌리를 내리고 이웃과 사랑을 나누고 실천하는 사람은 매우 적습니다. 손에 묵주나, 작은 십자가를 쥐고 사는 사람은 많지만 정장 삶으로 십자가를 지고 살아가려는 사람은 매우 적은 것 같습니다.

폭풍이 몰아치고 강물이 불어나는 신앙의 위기가 닥아오면 믿는 우리들은 어떻게 해야 할지 방황하고 말 것입니다.

*하나님이여! 스스로 깨달 수 있는 깨달음의 지혜를 허락하여 주옵소서.

*이제는 떠돌아 다나는 유목민 삶이 아니라 한 곳에 정착하며 건강하게 믿음의 뿌리가 깊이 잘 내리고 자라도록 주님께서 도와주옵소서.

*우리들의 마음속에 하나님을 진실로 사랑하는 마음을 갖게 하여 주옵소서.

*죄를 회개하고 돌인 킨 자의 삶으로 살게 하여 주옵소서.

*하나님과의 관계 속에 늘 말씀 안에서 보고 듣고 기도하는 삶이 되게 하여 주옵소서.

*그러므로 참 그리스도인으로 거듭나는 삶으로 변화되는 역사가 있게 하여 주옵소서.

04

"마음을 사로잡는 대화 법"

말을 잘하는 사람들은 참 많습니다. 하지만 귀담아 들을 수 있는 말을 하는 사람은 그렇게 많지 않을 것 같습니다. 말을 할 때 지나치게 자신의 의도로 말하거나 강요나 지시, 설득의 숨은 의도를 담고 있다면 시간이 지나면서 상당한 부담을 느끼게 됩니다.

잔잔한 물의 흐름과 같이 맑고 투명한 대화를 편안하게 지속적으로 이어 가기란 참 어려운 경우가 있습니다. 마음을 사로잡는 대화 이것을 말하고자 하는 사람의 셀링 포인트(Selling Point)가 상대방의 지속적인 관심을 끌어내 마음을 움직이게 하는 것입니다.

셀링 포인트(Selling Point)라는 말은 세일즈에서 많이 쓰는 용어로서 성냥한 개비에 불을 붙여 그 성냥이 다 타들어 가는 시간 내에 상대방에게 하고 싶은 말을 정리하여 말 할 수 있는 요점을 말합니다.

고객이나 상대방은 자신의 이야기를 들어줄 정도로 항상 준비되어 있거나 시간을 할애해 주지 않는다. 짧은 시간 내에 상대방의 관심을 불러일으킬 수 있는 핵심이 한마디로 정리돼 있어야 합니다.

긴 말은 장황함의 본질이고 짧은 말은 재치의 진수라고 합니다. 보통 장황하게 설명하려 하거나 자칫 유식하게 자신의 지식자랑으로 상대방에게 부담을 주어 자신이 하고자 하는 내용을 제대로 전달하지도 못하고 거부당하기도 한다. 이것은 상대방보다 한 발짝 앞서서 이야기 하기 때문이다. 한 발짝 앞서서 하는 이야기는 자칫 거만해 보이거나 자신의 관심 밖의 문제라고 생각하기 쉽습니다.

반 발짝 앞선 정보로 상대방의 수준에 자신을 맞출 수 있어야 합니다. 툭툭 던지는 한두 마디의 단어가 상대방의 관심을 놓치지 않고 지속적으로 끌어낼 수 있어야 합니다.

상대방에게 어울리는 톤, 상대방의 감성에 적합한 교감, 상대방의 지적 수준에 상응하는 어휘 상대방의 관심사에 접근하는 표현 등이 어우러져 간결하게 핵심을 이야기 할 수 있어야 합니다.

창의성을 가장 많이 필요로 하는 대표적인 직업이 토크쇼 진행자 입니다. 진행자의 무한한 창의력과 의표를 찌르는 멘트, 시청자보다 반 발짝 앞서나가 지루함을 걷어내는 진행자의 감각이며 진행의 핵심인 것입니다.

이와 같은 기술은 반 발짝 앞선 한마디의 셀 링 포인트에 숨어 있습니다. 말은 정보를 주고받는 중요한 수단이기 때문입니다.

05

“행복의 관점은 100% 마음먹기에 달려 있다”

헬렌 켈러가 죽음을 앞두고 한 말 중에

행복이란?

난 정말 행복한 아름다운 인생을 살았습니다.
두 눈이 보이지 않고 말도 하지 못했던 그는 내 인생에서 행복하지 않은 날은 하루도 없었다라고 고백하고 있습니다.

반면에 권력을 한손에 거머쥐었던 **나폴레옹**은 이렇게 투덜거렸습니다. 내가 기억 할 수 있는 범위 내에서 행복한 날은 단 엿 새를 넘기지 않았다고.

*행복은 사랑하는 사람을 위해 고생하는 것이며, 사랑이 있는 고생이 행복하다고 할 수가 있습니다.

06

"한 알에 모래 속에서"

윌리엄 블레이크 영국 낭만주의 시인

한 알의 모래 속에서 세계를 보며
한 송이 들꽃에서 천국을 본다.
그대 손바닥 안에 무한을 쥐고
한 순간 속에 영원을 보라.

too see the world in a grain
and heaven in a wild flower
to hold infinity in your paln
and eternity in a hour.

내 손에 무엇이 있느냐가 중요한 것이 아니라
내 마음 안에 무엇이 들어 있느냐가 더 중요합니다.

07

三人行必有我師(삼인행필유아사)
“셋이 걸어가면 그 중에 반드시 나의 스승이 있다”
- 공 자 -

1) 나보다 나은 사람

2) 나보다 못한 사람

3) 그리고 나 자신

* 세 사람이 같이 길을 가면 반드시 내 스승이 있다는 뜻이며

* 세 사람이 어떤 일을 하면 좋은 것을 본받고
(나 보다 나은 사람의 좋은 점을 골라 따르고)

* 나 보다 못한 사람의 좋지 않은 점을 골라 그 것을 올바로 잡습니다.

08

"삶의 방법을 모르는 어리석은 사람은 삶과 죽음의 길이 길고도 멀다"

인생은 무거운 짐을 지고 먼 길을 가야하는
시련과 고난의 나그네 길입니다.

시련이 있기 때문에 승리의 감격이 있고
고난이 있기 때문에 영광의 희열이 있습니다.
우리는 지상에서의 나그네임을 잊지 말아야 합니다.

- **톨스토이**의 명언 중에 -

사람은 저마다 자기의 십자가를 지고 인생을 살아갑니다.
사람은 누구에게나 시련과 고난의 무거운 십자가가 있습니다.
산다는 것은 시련을 극복하는 것이요 고난과 싸우는 것이요.
역경을 이겨내는 것이요 운명에 도전 하는 것입니다.

내가 나를 다스리고, 내가 나를 지배해야 합니다.
산다는 것은 자기와의 끊임없는 싸움이요
자기 자신을 통제하고 관리하는 것입니다.

세월은 사람을 기다리지 않습니다.
인생은 돌아오지 않는 강이요
일회전으로 끝나는 엄숙한 시합입니다.

09

“주례사가 원고 보면서 주례 하면 어떨까?

어디서 보았는지? 기억은 없고, 메모 노트에 적은 글을 옮겨놓은 것을 적어 봅니다.

결혼식 예식장에 가 보면 말이 긴 주례들을 가끔 볼 수가 있습니다. 마지막으로 말 한마디 하고 또 한사람 분량만큼 늘어놓습니다. 이런 부류는 세계 도처에도 있는 모양입니다.

아프리카의 어느 나라에서는 긴 주례사를 막기 위해 다리 한 쪽을 들고 다리가 아파 올 때까지만 하도록 법으로 정해져 있다고 합니다. 강연 같은 것은 미리 지루 할 것을 각오해서인지 견디기가 쉽지만 주례사 5분은 길다고 느껴지고 7분을 넘기면 짜증나기 시작한다고 합니다.

말하는 사람이 5분 정도 끝내려면 단단한 결심을 해야 합니다. 왜냐하면 5분이 말 하는 사람에게는 아주 짧게 느껴지는 시간이기 때문입니다. 결심 못지 않게 필요한 것이 준비입니다. 말의 내용이 알차게 하려면 어떤 순서로 어떤 문장으로 어떤 어휘로 말을 할 것인가를 생각해야 하며 그렇게 하기 위해서는 글로 써서 보고 하는 것이 제일 좋을 것 같습니다.

시간도 초과하지 않고 쓰면서 생각하니 말도 조리 있게 하게 될 것 같고 게다가 원고가 있으면 하객들도 아 ! 이제 한 장만 남았구나 하고 안심 할 수가 있어서 더욱 좋겠다고 느낄 것입니다.

그런데 우리나라에서는 원고를 보고 연설하려면 사람을 낮게 볼 것입니다.

언제쯤 원고를 보고 주례사가 말을 하면 유명한 주례사로 평가 받을 수가 있을까요? 곧 그 날은 막연하나마 기다려보면 그런 날이 오지 않겠는가.

10

식물은 "생존전략 을 세워 자신에게 붙어 있는 불필요한 가지를 스스로 죽여 버린 다는데"

아침고요 수목원 설립자 **한상경** 칼럼에서

울창한 숲에서 나무의 아래 가지는 세월이 지나면 죽게 됩니다. 죽였는지 죽었는지는 몰라도, 나무는 해를 향해 위로 올라가려고 합니다. 그늘에 있으면 생명을 유지하기 어렵습니다. 큰 고목나무 곁에서 어린나무가 자라지 못하는 이유입니다.

나는 나무를 보면서 "내가 태양을 바라보는 동안 내 뒤에는 그늘이 생기겠구나"하는 걸 느낍니다. 어쩌면 인간도 존재하는 그 이유만으로 주위에 "그늘"을 만들 수 있겠구나 하는 생각이 들 것입니다. 듬성듬성 있으면 고목의 그늘이 문제 될게 없을 텐데,

어느 해 가을 상수리나무에서 도토리가 툭 떨어지는 걸 봤습니다. 불쑥 왜 열매는 대부분 둥글까 ? "하는 생각이 들었습니다. 생각을 해보니 떨어져서 자신의 본체로부터 멀리 굴러가려고 하는 것입니다. 큰 고목나무 곁에는 그 그늘로 인해 어린 나무가 자라지 못해 스스로 살려고 하는 것입니다.

11

"한 명(1) 뒤에는 천명(1,000)을 바라보는 마음"

내 눈에는 고객이 한 분으로 보이지 않습니다.
고객 뒤에 계신 천명의 또 다른 고객이 기다리고 있습니다.
그리고 고객은 나의 일생에 단 한번 만나는 귀중한 분입니다.

한 사람을 얻으면 천 사람을 얻을 수 있고
한 사람을 잃게 되면 천 사람을 잃게 됩니다.

육체의 눈이 아닌 마음의 눈이 열려야 단지 한 사람을 보면서
그 뒤에 천 사람을 볼 수가 있는 것입니다.

12

"생명의 시작"

생명의 시작은
파란 싹이 흙을 뚫고 돋아나는 것부터가 아니라
생명의 시작은
한 알의 씨앗이 보이지 않는 흙 속에서 썩어가는 것부터 시작됩니다.
생명이 있는 곳에서는 그렇듯 보이지 않더라도 이미 뿌려진
누군가의 희생이 있습니다.

내 생명의 시작은
그것은 그리스도께서 나를 위해 죽으신 그때부터 시작 된 것입니다.

13

"고슴도치 사랑법"

고슴도치 2마리가 영하의 날씨 속에 추위를 견디기 위해 서로 껴 않는다. 몸은 따뜻했지만 몸의 가시가 서로 찌르는 바람에 다시 떨어집니다. 서로 껴안고 떨어지기를 수십 번 반복한 고슴도치는 상대와 온기를 나누면서 가시에 찔려 상처를 입지 않으려고 이제는 어느 정도의 거리를 알게 되었습니다.

고슴도치는 이제는 껴안지 않아도 어느 정도의 거리에 간격을 두고 둘이 함께 서 있어도 훈훈한 온기를 느낄 수가 있었습니다.

인간관계에서도 심리적 거리는 어떻게 유지되는지 보여 주고 있습니다. 아무리 좋은 사람이라도 누구나 다 가시가 있게 마련입니다. 적당한 심리적 거리가 있어야 존중과 협력으로 이어져 좋은 관계가 이루어지는 것처럼 고슴도치 사랑의 법칙을 배워야 할 것입니다.

흔히 말하기를 우리 사이는 좋은 "사이" 이때 사이는 / 간격을 말합니다.

간격은 통로다. 둘 사이 간격이 있다고 해서 서운하게 생각하지 마라.
나무와 나무사이 그 간격이 나무를 자라게 하듯

사람과 사람사이 간격이 사랑하는 마음을 키웁니다.
부부도 매일 함께하고 있는 부부와, 일주일 간격으로 만나는 부부와
누가 더 보고 싶고 사랑스럽고 행복 할까요?
일주일 한번 만나는 부부가 더 그립고 사랑하는 마음이 더 클 것입니다.

영국의 작가 **알랑드 보통** 글 중에 -

옆에 없는 사람을 사랑하는 것이 쉬울까요?
옆에 있는 사람을 사랑하는 것이 더 쉬울까요?
옆에 없는 사람을 사랑하는 것이 더 쉽습니다.
왜냐하면 떨어져서 매일 볼 수 없는 남녀 일수록 이야기 거리가 많고 더 사랑합니다.

*이와 같이 "적당한 간격" 은 인생 삶에서 매우 중요합니다.

14

"노후에 향기로운 삶을 살려면-"

시들어 버린 국화꽃은 향기가 없으나
따뜻한 물에 우려내면 그윽한 국화 향기가 풍깁니다.

사람도 자연스럽게 늙어가 쓸모가 없어지지만
늙어도 변화를 주면 향기가나는 국화처럼
사람도 노후에 향기로운 삶을 살아 갈 수가 있습니다.

15

"화평하게 하는 자는 복이 있나니-"

(성경: 마태복음 5-9)

1+1= 2 (세상 사람들의 계산하는 방법)
1+1= 1 (그리스도인들의 계산하는 방법)

남녀 각각 한사람이 만나 하나 라는 것은, 부부는 한 몸이라고 한 뜻.
나의 반쪽 2분의 1, 상대방의 반쪽 2분의 1.
이제 부부는 남편도 자가 몸을 절반을 버리고, 상대방 아내의 몸을 채우고. 아내도 자기 몸을 절반을 버리고, 상대방 남편의 몸을 채웁니다.

지금까지 나의 고집, 나의 생각, 나의 나쁜 버릇, 모두 버리고 상대방을 배려하여 나머지 절반(반쪽)을 채우는 것.

"주라 그리하면 너희에게 줄 것이니 곧 후히 되어 누르고
흔들어 넘치도록 하여 너희에게 안겨 주리라.
너희도 헤아림을 도로 받을 것이니라. "
(성경 :누가복음 6- 38)

16

"아침에 자신을 되돌아보는 시간을 가져라"

이른 아침에 10분의 기도나 명상이 필요 합니다.

오늘 하루를 시작하는 첫 시간은 자신을 돌아보는 시간이기 때문입니다.

기도나 명상은 기독교인이나 수도승만이 하는 것이 아니라 일반 생활인에게도 꼭 필요한 시간이며 매일매일 습관을 가지고 해야 합니다. 왜냐하면 그날 하루의 승패가 좌우되기 때문입니다.

허둥되는 아침 10분!
그렇지 않은 사람이 보내는 그 시간 하루의 질은
너무나 크게 다릅니다.

*옛말에 (법구경) 한 구절 생각하면
잠 못 이루는 사람에게 밤은 너무나 길고
법을 모르는 사람에게 고달픈 인생길은 멀기만 합니다. - (시간의 질)

17

“시간의 흐름”

째각 째각 -

1초가 60번이면 1분이고, 1분이 60번이면 1시간 입니다.
세계 어디서나 어김없이 시간 속도는 같습니다.
시간의 흐름은 다릅니다.

재미있게 기쁘게 걸어가면 1시간이 1분처럼 지나가고
끌려가듯 힘들게 걸어가면 1분이 1시간보다 길어집니다.

걷는 속도를 늦추고 쉼과 기쁨을 더하면
내 인생 시간의 흐름도 길어집니다.

*자신의 시간을 귀중하게 생각하는 사람은
틀림없이 상대방의 시간 또한, 귀중하게 생각 합니다.

18

"나 하나쯤이야!"

볼트 하나, 톱니바퀴 한 쪽이 없으면 별개 아니라고 생각하지만 그 하나 때문에 기계는 고장 나서 멈추고 큰 사고가 납니다.

우리가 사는 사회의 질서나 공중도덕도 나 한사람으로부터 비롯 됩니다. 나 하나의 행동이 얼마나 중요한가요!

나 하나의 행동이 본인은 편하겠지만 수 많은 사람들에게는 불편하게 만듭니다.

19

"내 마음을 들켜버린, 어느 노(老)스님"

몸이 불편한 노스님이 잠을 자다가 물을 마실까 해서 시자를 불렀습니다. 벌떡 일어난 시자가 물을 받쳐 들고 다가설 참에 노스님이 짐짓 묻습니다.

그냥 부르기만 했거늘 누가 네게 물을 떠오라 했느뇨? 멍한 표정의 시자에게 노스님은 이렇게 자탄 합니다.

"수행은 도량 귀신도 모르게 해야 하거늘, 오늘 밤 나는 내 마음을 들켜버리고 말았으니 내 수행이 아직도 부족한 게로구나"

20

"창업과 장사- 성공하려면 이와 같이 하라"

A. 창업과 장사에 성공하려면 3가지 퍼즐을 관리하라.

1) 나 : 게으르고 나약한 자기 자신을 점검하라.
(가슴에는 용기, 입가에는 미소)
2) 지원군 : 종업원, 주방장(열정을 가져라, 열정을 가지고 노력하라, 기쁨 마음으로 일을 하라)
3) 고 객 : 우리 가게에 오는 손님은 어떤 계층
(단골 고객을 만들 수 있는 계획을 세우라)

B. 창업과 장사 성공 포인트 결정 비결 방법.

입)으로 느끼는 30 % 맛 (음식 맛, 요리 솜씨 맛)
몸)으로 느끼는 70 % 맛 (언어, 행동, 고객 관리, 써비스)
말 한마디가 인생이 바뀐다.
무의식인 습관, 버릇 (행동으로 결정된다)
고객 관리 : 단골 고객 관리 (100사람이 한번 오는 것보다 1사람이 100번 찾아오는 것.)
써비스 : - 테이블 뒤에 보이지 않는 손
- 모든 욕심을 다이어트 하라
- 정 과 덤을 팔아라
- 인사. 주변 분위기. 식기 그릇 관리
- 주차 관리 : 처음부터 끝까지 책임

- 고객을 탓 하지마라 (성공한 사람은 항시 자기 탓으로 돌리고
실패한 사람은 항시 남을 탓 한다)

카운터 : 카운터는 돈만 받는 곳이 아니다.
오늘 음식 맛있게 드셨습니까?
혹시 식사 중에 불편한 점이 없으셨습니까?
다음에 다시 찾아 주시면 정성껏 모시겠습니다.

*잔돈은 될 수 있는 데로 새 지폐로 교환 해 주어라.

21

"1%의 행복"

이해인 수녀

저울에 행복을 달면
불행과 행복이 반반이면 저울이 움직이지 않지만
불행 49%, 행복 51%이면 저울이 행복쪽으로 기울게 됩니다.

행복의 조건이 이처럼 많은 것이 필요 없듯이
우리의 삶에서 단 1%만 더 가지면 행복하게 됩니다.
단 1%가 우리의 행복과 불행을 만듭니다.
오늘 그 1%를 행복의 저울 쪽에 올려놓았습니다.

22

"기도(Prayer)"

기도는 성도의 영적 호흡이며 하나님의 자녀들만이 가지는 특권입니다.
세상에서 가장 어려운 일은 사람이 사람의 마음을 얻는 일.

각자의 얼굴만큼 다양한 각양각색 마음에서 순간순간에도
수 만 가지의 생각이 바뀌고 떠오르며 바람 같은 내 마음을 고정 시켜
머물게 하는 것도 큰 어려움일 터인데, 하물며 진정한 마음으로
하나님과의 대화를 한다는 것이 그 얼마나 더 어려운 것일까?

기도는 무엇을 얻기 위하여 기도하는 것이 아니라,
하나님께 무엇을 드리기 위해기도 하여야 할 것입니다.

예수님은 겟세마네 동산에서 베드로와 야고보, 요한,
세 제자들을 데리고 기도 하실 때에
나의 원대로 마옵시고 아버지의 원대로 하옵소서. (막 4: 36)

23

"습관"

안병욱 〈삶의 길목에서〉 글 중에

습관은 하루아침에 만들어지지 않습니다.
습관은 폭군처럼 우리를 지배 합니다.

밝게 긍정적으로 낙관적으로 보고 사고와 감정의 습관을 형성해야 합니다.
노력하지 않고 쉽게 할 수 있는 것이 습관입니다.
좋은 습관을 만들어야 좋은 일을 쉽게 할 수 있습니다.

습관은 인생을 지배하는 커다란 힘이 됩니다.
습관은 우리의 행동을 지배하고, 습관은 우리의 생활을 지배하고,
습관은 우리의 성격을 지배하고, 습관은 우리의 운명까지도 지배합니다.

나쁜 습관은 나의 인생을 파괴하고, 나의 운명을 불행하게 만듭니다.
좋은 습관은 나의 인생을 건설하고, 나의 운명을 행복하게 만듭니다.

24

"첫 인상"

미국UCLA대학 **알버트 메리비언** 교수

우리가 살아가는 삶은 많은 인간과 인간 속에서 살아가지만
그 사람의 "첫 인상"이 매우 중요합니다.
상대방의 좋은 인상으로 남겨야 할려면 어떻게 해야 하나요?

1) 표정 = 여성(세계인구 75억명이 다 다르며 250,000개 표정이 있다)
2) 말투 = 남성(감정)

상대방을 평가하는 정보(메리비언 법칙)

시각적 정보 = 55%(태도 20%, 표정 35%), 선한 눈빛, 악한 눈빛
수십년 동안 살아온 얼굴 표정이 곧 내 마음의 표정으로
나타납니다.(상대방과 이야기 할 때 "눈"을 맞추라)
"눈"으로 말한다는 말이 있습니다.
몸짓(제스처) = 자세, 팔, 손

청각적 정보 = 38%(목소리 톤)

말의 내용 = 7%(말의 내용 보다, 비언어가 결정 됩니다)
상대방과 이야기 할 때 본내용(말 7%) 보다,
비언어(93%)가 상대방에 평가가 됩니다.

25

"우리의 삶이 바로 조각 작품"

조각가 **미켈란젤로**는 -

나는 그 돌덩어리에서 불필요한 부분을 제거 했을 뿐이라고
조각의 비결을 말했듯이 -

나의 삶 속에서 근심, 걱정, 욕심, 불안, 초조 기타
불필요한 것들을 제거하면 -
보잘 것 없는 나의 삶도 보다 더 향기로운 삶이 될 것이다.

우리의 삶 속에서 꼭 필요한 것이 무엇인지?

바로 우리의 삶도 조각 작품과 같습니다.

26

"중년에 수면 시간 부족하면 노년에 치매 걸릴 위험이 크다"

김철중 의학전문기자

50대와 60대에 잠이 부족하면 나중에 치매에 걸릴 위험이 높다는 연구 결과가 나왔습니다.

중년의 수면 시간이 노년 치매 발생에 영향을 미친다는 의미입니다.

영국 런던칼리지대와 프랑스 파리 대학 공동 연구팀은 수면 습관과 치매 발생간의 관계를 추적 조사한 결과 50대와 60대에 수면시간이 하루 6시간 이하인 그룹은 하루 7시간 잠을 자는 그룹과 비교하여 치매 발병 위험이 30% 높은 것으로 나타났습니다.

연구팀은 뇌 속에 축적되어 치매를 일으키는 베타아밀로이드 단백질이 잠자는 동안 일정 부분 제거되는데, 수면 시간이 짧으면 제거 시간이 부족하고 뇌신경망 염증이나 뇌혈관 동맥경화도 늘어난다며 중년 시기부터 수면이 부족하면 그 것이 누적되어 노년기에 치매 발생 위험을 높이는 것으로 봅니다.

27

“낙엽에서 3가지 지혜를 배운다“

안병욱 〈삶의 길목에서〉 글 중에

1) “때”의 지혜입니다.

봄, 여름에는 절대로 잎이 떨어지지 않습니다.
가을이 되어야만 낙엽이 되어 땅에 떨어집니다.
이 세상에는 모든 일에는 때가 있습니다.
싹이 날 때가 있고 잎이 돋울 때가 있고
꽃이 필 때가 있고 열매가 열릴 때가 있습니다.

2) 직분의 지혜입니다.

여름에는 왜 잎사귀가 나무에서 떨어지지 않고 반드시 가을에만 떨어지는가? 그것은 자기의 직분과 책임을 다 하기위해서 입니다.

잎사귀는 그 직분을 다 할 때까지 나무에서 떨어지지 않습니다.

여름에 심한 폭풍이 불고 큰 비가 쏟아지면 잎사귀가 가지에서 떨어질 것 같으나 무서운 접착력을 가지고 악착같이 붙어 있습니다.

가을이 되어 바람 한 점이 없는데 잎사귀는 한 잎, 두 잎 저절로 조용히 땅에 떨어집니다.

3) 헌신의 지혜입니다.

낙엽은 땅에 떨어져 거름이 되어 봄에 돋아 날 새싹을 위하여 새 생명의 준비를 합니다.

그것은 자기를 버리는 것이요, 자기를 바치는 것입니다.

낡은 것을 새 것을 위하여 준비해야 합니다.

묵은 생명은 새 생명의 밑거름이 되어야 합니다.

때를 알아라, 네 직분을 다 하여라, 그리고 네 생명을 바쳐라.

이것이 낙엽이 우리에게 주는 3가지 지혜입니다.

28

"1도 차이"

물은 100도에 이르지 않으면 결코 끓지 않습니다.

증기 기관차는 수증기 게이지가 212도를 가리켜야 움직입니다.

99도, 211도에서는 절대적으로 변화가 일어나지 않습니다.
고작 1도차이 일 뿐인데 말입니다.

마지막 1%의 인내가 인생의 성패를 좌우 합니다.
시험 성적도 1점 차아로 합격, 불합격의 갈림길,
올림픽은 선수들이 불과 0.01초 차이로 메달 순위가 바뀝니다.

다 끝났다 싶을 때 한 번 더 살펴보고, 더 이상 길이 없다 싶을 때
한 걸음 더 나아가야 변화가 옵니다.
마지막으로 한 번 더, 한걸음 더, 여기에 성공의 비결이 있습니다.

***성공적인 방정식　100 -1 = 0**

100-1 = 99가 아니라 왜 0이라고 할까?
100가지를 잘해도 하나를 실수하면 전체가 실수하기 때문입니다.
사소한 하나가 빠지면 모두 전부 무너집니다.

29

"시간 보다 타이밍(Timing)이 중요하다"

순간을 위하여 동작의 속도를 맞춥니다.

"때"를 놓치면 아이스크림 처럼 녹아버립니다.
야구 경기에서 홈런도 야구방망이와 공의 타이밍에서 결정합니다.
누구든지 결단해야 할 때 결단하지 않으면
녹는 아이스크림이 되고 맙니다.

끊고 맺음이 분명한 사람은 바쁜 것처럼 보여도
마음속으로 항상 여유가 있습니다.

우물쭈물 결단을 내리지 못한 사람은 한가한 것처럼 보여도
마음속으로 항상 바쁩니다.

평소 걱정만 하고 대책을 세우지 않으면 공연히
괴로움만 더 해질 뿐입니다.

매사에 우왕좌왕 하면 본인은 물론이고 주변까지 힘들어 집니다.
앞에 선 사람이 중심을 잡아야 뒷사람이 흔들리지 않습니다.
매일매일 그 순간 끊고 맺음을 분명히 해야 합니다.

30

"인생을 낭비하는 죄"

논어에
지금 이 시간에 잠을 자면 꿈을 꾸지만
지금 이 시간에 공부를 하면 꿈을 이룹니다.

생을 마감하는 순간까지 배움을 향한 끈을 놓지 말고
쉼 없이 자신을 채찍질 하고 단련해야 합니다.

단 한번 주어진 인생을 허비 하는 것은
자신의 삶에서 최선을 다 하지 않는 태도는
분명히 죄가 될 수가 있습니다.

"내일 지구의 종말이 올지라도 나는 한 그루의
사과나무를 심겠다"라고 말 한 스피노자의 말처럼

인생을 낭비하는 죄를 짓지 않으려면 무슨 일이든지
부지런히 배우고 익히는 삶을 살아야 할 것입니다.

31

"나무와 나무 사이처럼(간격)"

나무와 나무 사이 그 거리는 괜히 있는 것일까?
그 나무들이 곧게 잘 자라는 데는 필요한 간격이 있어야 합니다.

사람도 사람과 사람사이 그 간격이 너무 가까워지면 숨 막히고,
너무 떨어지면 쓸쓸하고 외롭습니다.
적당한 거리와 간격은 서로 사랑하는 남녀 간의 관계에서도
너무 가까이 다가서지 않아서 상처 주지 않고,
그러면서 서로의 존재를 느끼며 바라볼 수 있는 그 정도의
간격을 유지 하는데 지혜가 필요 할 것 입니다.
또한 매일 함께 있는 것보다 가끔 보는 것이 오히려 더 그립고
보고 싶고 사랑스러울 것 입니다.

부부도 마찬가지, 한 침대에서 함께 자는 부부가 더 가까울까?
아니면 주말 부부처럼 일주일에 한번 만나는 부부가 더 가까울까?

떨어져 있다가 만났으니 할 말도 많고, 이야기 거리도 많아지니,
매일 함께 있는 부부 보다, 가끔 만나는 부부가 더 사랑스러울 것입니다.
이와 같이 나무와 나무사이처럼, 사람과 사람사이에도 적당한 간격과,
거리 유지는, 우리가 살아가는데 꼭 필요한 간격(사이)이 있어야,
더욱 더 행복 할 것입니다.

人間 (인간) 인 자는 : 사람(인)
간 자는 : 사이(간)

인간은 사회성을 지닌 동물이다.

사람인자와 사이 간의 조합으로 만들어진인간이란 단어는 "사람 사이"를 말합니다. 그러고 보면 인간의 행복과 불행은 나와 가족, 나와 친구, 나와 동료의 관계, 즉 "사이"에서 나온다고 말 할 수 있을 것입니다.

"사람 사이"란 숨 쉴 수 있는 공간이 필요하기 때문입니다.
가까운 사람 사이에도 무한한 거리가 존재할 수 있음을 인정하고
그 거리를 존중할 때, 우리는 비로소 행복한 관계를 유지 할 수 있습니다.

32

"어려움을 극복 할 수 있는 힘"

인생은 살아가면서 행복하고 즐거운 날 만 있는 것은 아닙니다.
어려운 고난과 힘든 역경 속에서 어쩔 수 없이 살아가야 할 때가 있습니다.
때로는 원치 않은 질병으로 인하여 너무나 고통스럽고 괴로울 때에는
상대방의 말과 책 속에 글들이 위로가 되지 않습니다.

오직 이 어려움을 극복 할 수 있는 힘은, 하나님을 의지하고,
평상시에 항상 하나님의 말씀을 묵상하며, 좋은 책과 많은 글을 읽고,
사람들과 만남을 통하여 지혜와 지식을 얻고 마음 밭에 새겨,
그 사고가 힘을 얻어 질병을 극복 할 수 있는 힘이 생기게 됩니다.

헬런 켈러

쉽고 편안한 환경에서는 강한 인간이 만들어지지 않는다.
시련과 고통의 경험을 통해서만 강한 영혼이 탄생하고,
통찰력이 생기고, 일에 대한 영감이 떠오르며,
마침내 성공 할 수가 있다.

33

"人生은 오고 가는 길"

안병욱 〈삶의 길목에서〉 글 중에

1) 말이 오고가야한다 (인간은 대화적 존재다)

산다는 것은 대화 하는 것이다.
내 말을 네가 듣고, 네 말을 내가 들어야 한다.
비극이란 무엇이냐? 대화의 단절이다.
기쁨이란 무엇이냐? 대화가 서로 오고 가는 것

말은 생각과 감정을 담는 그릇이다. 마음 문을 열어야 말문이 열린다. 마음 문이 닫히면 말문도 닫힌다.

2) 서로 인사가 오고가야 한다.

인사는 인간의 당연한 예의요 사람이 마땅히 해야 할 일이다.

3) 사랑과 정이 오고가야 한다.

사랑은 인생의 온기요, 정은 인간의 향기다.
인생은 너와 나와의 만남이다. 인격과 인격의 만남이요,
주체와 주체의 만남이요, 혼과 혼의 만남이요,
가슴과 가슴의 만남이요, 생명과 생명의 만남이요,

마음과 마음의 만남이요, 산다는 것은 오고 가는 것이요,
서로 거래하고, 왕래 하는 것이다.

*삶의 행복은 어디서 찾아야 하느냐?

진실한 말이 오고가고, 따뜻한 인사가 오고가고, 정다운 사랑이 오고가고, 깊은 인격적 정감이 오고 갈 때, 우리의 생은 즐겁고 빛난다.

34

"헬런 켈러의 3일만 볼 수 있다면"

"만약 내가 이 세상을 사는 동안에, 유일한 소망 하나 있다면, 그것은 꼭 3일 동안만이라도 눈을 뜨고 보는 것이다"

만약 내가 눈을 뜨고 볼 수 있다면 나는 나의 눈을 뜨는 그 첫 순간, 나를 이만큼 가르쳐주고 교육을 시켜준 나의 설리반 선생님을 찾아가 지금까지의 그의 특징과 얼굴 모습을 내손 끝으로 만져서 알던 그의 인자한 얼굴 등을 몇 시간이고 물끄러미 보면서 그의 모습을 나의 마음속 깊이 간직해 두겠다. 다음엔 친구를 찾아가고, 그 다음엔 들로, 산으로 산보를 가겠다.

바람에 나풀거리는 아름다운 나뭇잎사귀들, 들에 피어 있는 예쁜 꽃들과 풀들 그리고 저녁이 되면 석양에 빛나는 아름다운 노을을 보고 싶다.

다음날 이른 새벽에는 먼동이 트는 웅장한 장면, 아침에는 박물관, 오후에

는 미술관, 그리고 저녁에는 밤하늘의 보석 같은 별들을 보면서 하루를 지내고 마지막 날에는 일찍 큰 길 가에 나가 출근하는 사람들 얼굴 표정들, 아침엔 오페라하우스 오후엔 영화관에서 영화를 감상하고 싶다.

그러다 어느덧 저녁이 되면, 나는 건물의 숲을 이루고 있는 도시 한복판으로 나와서 네온 싸인 반짝거리는 쇼윈도에 진열 되어있는 아름다운 상품들을 보면서 집에 돌아와 내가 눈을 감아야 할 마지막 순간에, 나는 이 3일 동안만이라도 볼 수 있게 하여준 나의 신께 감사 한다고 기도를 드리고, 영원히 다시 암흑 속으로 돌아가겠다.

35

"소유의 가치"

철학자 러셀은 인간이 자유롭게 살지 못하는 것은 바로 소유에 대한 집착 때문이라고 합니다.

보다 많이 소유하기 위해 발버둥 치다 더 불행해지기 일쑤고 자식에게 더 많은 재산을 남겨 두기 위해 노력하다가 결국 자식들을 망치는 경우가 허다합니다.

재물은 인분과 같아서 한 곳에 쌓아두면 악취를 풍기지만 여러 곳에 뿌리면 좋은 거름이 되는 법입니다.

그 거름으로 생겨나는 훌륭한 인격은, 자식에게 남겨줄 수 있는 최고의 유산입니다. 나누면 나눌수록, 그 덕은 고스란히 자식에게 돌아온다고 합니다.

우리는 살아가면서 어디에 그 가치를 둘 것인가?

36

"나이에 따라 보는 관점이 다르다"

바위틈에 꽃 한송이 피어 있는 것을 바라보면 어떻게 말을 할까?

청년기(20~30대) - 야! 아름답다, 예쁘다.
중년기(40~50대) - 아! 열심히 살았구나.
노년기(60~70대) - 아니! 어떻게 이런 곳에서 꽃이 피네.

생각이 우리의 모든 것을 지배 합니다.
때로는 우리의 눈도 거짓으로 바라 볼 때가 많이 있습니다.
왜냐하면 우리의 뇌를 내가 속일 수도 있기 때문입니다.
하나님의 말씀을 묵상하면, 마음과 생각이 바뀌고, 모든 사물을 바라보는 눈도 성실한 눈(거짓 눈이 아닌) 으로 바라 볼 수가 있습니다.

37

“혼자는 외롭고, 함께하면 숨 막혀”

영국의 작가 **알랭 드 보통** 글에서

혼자는 외롭고, 함께하면 답답하고 숨이 막힐 때가 있습니다.

옆에 없는 사람을 사랑하는 것이 쉬울까?
옆에 있는 사람을 사랑하는 것이 더 쉬울까?

옆에 없는 사람을 사랑하는 것이 더 쉽습니다.
왜냐하면 떨어져서 매일 볼 수가 없는,
남녀 일수록 이야기 거리가 많고 더 사랑합니다.

부부는 한 침대를 사용하기 때문에 서로가 서로를
잊고 살아가는지도 모르기 때문입니다.

부부는 의견 충돌이 있을 때 서로가 서로를 위하여
조율 할 줄 아는 부부가 되어야 합니다.

38

"인생은 1회전으로 끝나는 엄숙한 시합이다"

안병욱 〈삶의 길목에서〉 글 중에

인생에는 2회전도 없고 3회전도 없습니다.
운동에는 연습이 있으나 인생에는 연습이 없습니다.

'소크라데스'는 감옥에서 죽음을 기다리며
친구에게 이렇게 말 했다고 합니다.

"사는 것이 중요한 문제가 아닙니다.
바로 사는 것이 중요하고 어떻게 사느냐가 중요 합니다"

우리는 저마다 생의 길목에 서 있습니다.

오늘의 문제는 싸우는 것이요,
내일의 문제는 이기는 것이요,
모든 날의 문제는 죽는 것입니다.

1) 인간과 자연과의 싸움입니다. (여름에는 더위와 싸우고)
2) 인간과 인간과의 싸움입니다. (개인과 개인, 계급, 직급)
   승리자는 영광과 환희와 긍지가 따르고패배에는 수치와 고통과 비애가 따릅니다.

3) 내가 나하고 싸우는 것입니다.
남을 이기기는 오히려 쉽다, 나를 이기기는 참으로 어렵습니다.
남이 내 대신 싸워 줄 수 없다, 내가 나하고 싸워야 합니다.
그것은 고독한 실존적 싸움입니다. 그러므로 가장 강한 사람은 바로 자신의 마음을 통제 할 수 있는 사람입니다.

*철학자 **플라톤**은 인간의 최대 승리는 내가 나를 이기는 것.

39

"우리가 살아가면서 어려움과 고난이 있을 때 붙잡아야 할 하나님의 말씀이 있는가?"

나의 괴로움을 달아보며 나의 파멸을 저울위에 모두 놓을 수 있다면,
바다의 모래보다도 무거울 것이라. (욥기 6장2~3절)

여호와께서 욥의 곤경을 돌이킬 수 있는 것은 욥의 절대 신앙과,
큰 시험에서 인내하는 모습을 성경은 기록하고 있습니다.

내 가죽이 벗김을 당한 뒤에도 내가 육체 밖에서 하나님을 보리라.
내가 그를 보리니 내 눈으로 그를 보기를 낯선 사람처럼 하지 않을 것이라
내 마음이 초조 하구나. (욥기19장26~27절)

유리 창문을 통하여 바깥 풍경을 바라보려면 , 유리창 자체만 집중하면 볼 수가 없습니다. 유리 창문을 통해 밖을 보아야 아름다운 풍경을 바라 볼 수가

있는 것처럼 우리의 삶 속에서 어떠한 고난과 역경이 있다 할지라도 환경을 바라보지 말고 주님의 말씀과 기도를 드리면 주님의 음성과 아름다운 열매를 얻게 될 것입니다.

오호라 나는 곤고한 사람이로다. 이 사망의 몸에서 누가 나를 건져내랴.
(로마서 7장24절)

내가 가는 길을 그가 아시나니 그가 나를 단련하신 후에는 내가 순금 같이 되어 나오리라. (욥기 23장 10절)

*어려움 당할 때 붙잡아야 할 하나님 말씀을 적고 기도합시다.

1.

2.

3.

4.

5.

40

"왜, 기도해도 응답이 없는가?"

여호와의 손이 짧아 구원하지 못하심도 아니요
귀가 둔하여 듣지 못하심도 아니라
오직 너희 죄악이 너희와 너희 하나님 사이를 갈라놓았고,
너희 죄가 그의 얼굴을 가리어서 너희에게서 듣지
않으시게 함이니라. (시편 59장 1~2절)

1) 회개하지 않고 죄악을 품고 기도하기 때문입니다.

내가 나의 마음에 죄악을 품었더라면 주께서 듣지 아니하시리라.
(시편 66장 18절)
마음에서 나오는 악한 생각들 (도적질, 살인, 음란, 탐욕, 교만, 시기,
질투, 분쟁, 비방, 악독, 우상숭배, 술 취함, 방탕, 투기, 원수 맺음)
(마가복음 7장 21~23절, 로마서 1장 29~31절, 갈라디아서 5장 19~21절)

2) 무의식 속에 항시 내 마음이 이미 지배되어 잇는 것이 있습니다.
지배되고 있는 그 마음을 바꾸고 변하지 않고 있기 때문입니다.
(회개, 말씀, 기도, 성령으로 거듭나야 합니다)

죄의 지배를 받는 옛 본성이 있기 때문입니다.
(에베소서 4장 22, 골로새서 3장 9절)

41

"하늘과 바람과 별과 시"

서 시 (序詩)

윤동주

죽는 날까지 하늘을 우러러, 한 점 부끄럼이 없기를,
잎새에 이는 바람에도, 나는 괴로워했다.
(바람에 불린 잎사귀 소리에도 놀라 도망하기를 칼을 피하여 도망하듯 할 것이요 쫓는 자가 없어도 엎드러질 것이라)
-성경 레위기26장 36절 -
별을 노래하는 마음으로, 모든 죽어가는 것을 사랑해야지
그리고 나한테 주어진 길을 걸어가야겠다.
오늘 밤에도 별이 바람에 스치운다.

사람이 부끄럼 없이 산다는 것이 얼마나 어려운 것인지,
잎새에 이는 바람에도 나는 괴로워했다.

그의 괴로움은 자신의 한 점 부끄럼 없이 살아오지 못했다는 자책감에 무심히 지날 칠 수 있는 사소한 것에서 조차도 괴로움을 느꼈다.

이 세상에 있는 모든 생명력들을 사랑하고 자신에게 주어진 길을 걷겠다는 담담한 결의였으며, 마지막 줄거리에,

오늘 밤에도 별이 바람에 스치운다.

어둠과 바람 속에서도 결코 꺼지거나 흐려질 수 없는 외로운 양심에 대한 결백함에 의지는 어두운 밤하늘과 별 그리고 바람이라는 사물들의 관계를 통해 더욱 또렷해지는 것이다.

42

"꿀벌이 사라진다면?-식량자원 ⅓이 줄어들어요"

이은희 과학저술가

2017년 유엔(UN)은 전 세계 벌의 ⅓이 멸종위기라고 발표하기도 했다고 합니다. 이렇게 꿀벌이 사라지는 이유는 기후 온난화, 살충제 살포, 전염병, 서식지 감소 등 때문이라고 합니다. 우리나라 토종벌도 가뜩이나 꿀 따는 능력이 월등한 서양 꿀벌이 도입되면서 수가 서서히 줄어 왔는데, 최근엔 꿀벌의 흑사병으로 불리는 "낭충봉아부패병"등이 창궐해 멸종 직전에 몰렸다고 합니다. 전 세계 곳곳에선 벌을 보호하는 다양한 노력이 이루어지고 있습니다.

꿀벌들이 꿀과 꽃가루를 먹으려 이 꽃 저 꽃 날아다니면서 꽃의 수분 (受粉)을 돕기 때문입니다. 수분은 꽃가루가 암술에 붙는 것인데 수분이 되어야 수정이 이뤄지고 열매를 맺을 수 있습니다.

2006년 독일 연구진 연구에 따르면, 사과, 배 등 인간이 기르는 주요 농작물 종류의 70%가 꿀벌 같은 동물이 수분 활동을 도와 줘야 한다고 합니다. 이들 농작물의 생산량은 전체 농작물 생산량의⅓을 차지한다고 합니다. 이때 농작물 수분 활동을 돕는 동물은 나비, 새 등 다양하지만 대다수는 꿀벌의 도움으로 수분이 이뤄진다고 합니다.

최근 산업화와 기후변화 등으로 벌을 둘러싼 환경이 지나치게 급변해 벌의 생존이 위협받고 있습니다. 꿀벌이 사라지면 꿀벌에게 의존하며 살아가는 인류의 삶 역시 큰 영향을 받는다는 점을 명심해야 할 것입니다.

43

"젊은인들이여! 나의 능력과 재능을 찾아라"

젊은인 들이여! 포기 하지 말고 방황하지 말고 숨어있는 나의 능력과 재능을 찾아야 합니다. 사람은 누구나 다 재능 과 능력이 있습니다.

하나님은 인간에게 능력과 재능을 누구에게나 다 주었으나 일평생 살아가면서 100 % 사용하지 못하고 10 %만 사용 한다고 어느 철학자가 말하고 있습니다.

3가지 퍼즐 을 만들라

1) 지금 어릴 적부터 타고난 능력과 재능을 사용 할 수 있는 것을 찾아야 합니다. 90%가 숨어있기 때문입니다. (어릴 적부터 잘하는 것을 누구나 다 주어졌습니다. 거기서 직업을 찾아야 합니다. 내가 잘 할 수 있는 것을 찾으면 100 %찾는 것입니다.)

2) 내가 좋아하고 취미가 무엇인지를 찾아야 합니다. (숨어 있는 나의 능력을 포기 하지 말고 인내를 가지고 끝까지 찾아야 합니다.)

3) 남에게 줄 수 있는 유익이 있어야 합니다.
내가 어떤 일에 열심히 충실하면 반대로 남에게 유익이 되어야 합니다.
내가 땀을 흘릴 때 -상대방에게는 기쁨이 되어야 합니다.
(배우, 구제, 봉사, 가수)

44

"맥아더 장군의 기도문"
(자녀를 위한 기도문)

주여!
우리아이가 이런 사람이 되게 하소서.
약 할 때 자신을 분별 할 수 있는 힘과
두려울 때 자신을 잃지 않을 용기를 가지고
정직한 패배를 부끄러워하지 않고
승리에 겸손하고 온유한 사람이 되게 하소서.

자신이 한일에 책임을 질 줄 알고
하나님을 아는 사람이 되게 하시며
여기에 자신의 굳건한 인생을 이루어가게 하소서.

우리아이를 요행과 안락의 길로 인도하지 마시고
폭풍우 속에서도 일어설 줄 알고
패배한 자를 불쌍히 여길 줄 아는 사람이 되게 하소서.

그 위에 유머를 알게 하시어 인생을 엄숙하게 살아가면서도
삶을 즐길 줄 아는 마음과 자기 자신을 너무
드러내지 않는 겸손한 마음을 갖게 하소서.

그리고 참으로 위대한 것은 소박한 데 있다는 것과
참된 지혜는 넓은 아량에서 솟는다는 것과

참된 힘은 너그러움에 있다는 것을 항상 명심하는 사람이 되게 하소서.

그리하여 그의 아버지인 저는 헛된 인생을 살지
않았었노라고 나직이 속삭일 수 있게 하소서.

- 아 멘 -

맥아더 장군의 기도문은 부모가 자녀에게 어떤 본보기가 되어야 하는지를 말하고 있습니다.

이 기도문을 프린트 하여 냉장고에 부착하고 읽고 또 읽으며, 부모와 자녀들과 관계가 더욱 단단해질 것입니다.

45

"두 사람의 죄수"

미국의 흑인 시인 **랭스턴 휴스**

어느 날 두 죄수가 창살 사이로 바깥을 내다보았습니다.

한 사람은 진흙탕이 된 땅바닥을 보고 한탄 하였고 다른 한 사람은 별이 반짝이는 하늘을 보았습니다.

똑같은 상황에서도 한 사람은 절망의 바닥을 보았고 다른 사람은 고개를 들어 밝은 희망을 쳐다보았습니다.

"내 안에도 늘 두 죄수가 바라보고 있는 것처럼 우리들의 마음속에도 두 마음을 품고 살아갑니다.

하나님! 우리들에게도 항상 밝은 희망을 바라보는 마음의 지혜를 허락하여 주옵소서. "

46

"유대인들의 인간 평가 방법"

이향국 〈탈무드〉 글에서

유대인은 인간을 3가지 기준으로 평가합니다.

첫째 : 키소(돈을 넣는 지갑)
둘째 : 코소(술을 마시는 술잔)
셋째 : 카소(인간의 분노)

즉, 돈을 어떻게 쓰고, 술 마시는 태도는 어떠하며, 인내심은 있는가, 없는가를 평가의 기준으로 삼는 것입니다.

인간은 4가지 타입으로 나눕니다.

첫째 : 내 것은 내 것이고, 네 것은 네 것이다. (일반적인 타입)
둘째 : 내 것은 네 것이고, 네 것은 내 것이다. (별난 타입)
셋째 : 내 것은 네 것이고, 네 것은 네 것이다. (정의감이 강한 타입)
넷째 : 내 것은 내 것이고, 네 것은 내 것이다. (나쁜 타입)

현명한 사람을 대하는 인간의 태도는 3가지 타입으로 나눕니다.

첫째 : 무엇이든 무조건 받아들인다.(스펀지 타입)
둘째 : 한 귀로 듣고 한 귀로 흘러버린다.(터널 타입)
셋째 : 중요한 것과 그렇지 않은 것을 마치 체로 거르듯 구분해서 듣는다.(채 타입)

현명한 사람에게는 7가지 장점이 있습니다.

첫째 : 자신보다 현명한 사람 앞에서는 모든 것을 귀 기울여 듣는다.
둘째 : 상대방의 말을 가로채지 않는다.
셋째 : 대답을 할 때는 깊은 생각을 먼저 한다.
넷째 : 항상 적절한 질문을 하고 대답을 조리 있게 한다.
다섯째 : 처음에 해야 할 일과 나중에 해야 할 일 을 정확히 알고 행동에 옮긴다.
여섯째 : 모르는 것은 솔직하게 인정을 한다.
일곱째 : 항상 진실을 존중한다.

인간에게는 3가지 벗이 있습니다.

바로 자식과 부와 선행이다.

47

"人生이라는 노래에 쉼표를 찍자"

뒤돌아보지 않고 앞만 바라보면서 달려온 나의 人生-
그동안 내 주변에 있던 것들의 소중함을 잊고 살았던 나-

악보에 쉼표는 괜히 있는 것일까?

중간 중간 쉬어야 하고 쉼표가 있어야만 아름다운 노래가 완성 하듯이 쉬지 않으면 얼마 못가서 숨이 차서 지쳐 버립니다.

人生은 악보에 쉼표를 찍는 것처럼 이제 시간적 여유로움을 가지고 남을 돕고, 봉사하며, 참다운 삶을 새롭게 살아가야 할 것입니다.

48

“시계(時計)”

*어느 수녀의 방벽에 시계가 걸려 있습니다.

시계 안에는 이상하게도 시침도 없고, 분침도 없습니다.

오직 초침만이 째각째각 가고 있었습니다. 왜 그랬을까?

초침이 째각째각 가는 동안 내 몸 속에서 피 한 방울씩 뚝뚝 떨어져 나가는 것처럼 그 느낌을 알고 생명의 시간이 짧아져 가는 느낌을 깨닫기 위함이라고 합니다.

1) 하루의 시간을 생명처럼 소중함을 알기 위하여

2) 헛된 시간을 소비하지 않는 느낌을 알기 위하여

3) 살아 있는 이 시간(초침이 움직이는 것은, 살아 있다는 것)의 중요성

└→ 인생은 오늘 있다가 내일이면 떠나는 삶.

*시계 안에는 세 사람이 살고 있습니다.

1) 급한 사람 (초 - 침)
2) 차분한 사람 (분 - 침)
3) 느긋한 사람 (시 - 침)

이러한 성격을 가지고도 다툼 없이 잘 살아 갈 수 있는 것은 각자가 자기맡은 일을 충성스럽게 하기 때문입니다.

기업에서나 직장에서 단체 종사자들 일 할 때, 각자의 얼굴 모양도 다 다른 것처럼 성격도 각자 다르지만 자기가 맡은 부서에서 충성스럽게 책임 있게 묵묵히 열심히 일을 해야 할 것입니다.

49

"끊임없는 노력"

유명한 피아니스트가
하루 동안 피아노를 치지 않으면 - 내가 알고
이틀 동안 피아노를 치지 않으면 - 전문가가 알고
일주일 동안 피아노를 치지 않으면 - 관중(팬)이 알고 있습니다.

*유명한 스포츠맨이나, 연예인들이나, 예술가들이 위대한 것은, 어느 날 한 순간에 유명하게 된 것이 아니라, 피나는 끊임없는 노력에 대한 결과입니다.

50

"습관"

아침에 일어나 저녁 잠자리에 들 때까지 하는 행동이, 90%는 습관이라고 합니다. 이러한 습관들이 오늘의 나의 모습을 형성한 것이라 합니다.

오늘의 나의 삶이, 어제의 습관화 된 나의 행동에 의한 것입니다.

내일의 삶은, 오늘 내가 어떤 행동과 생각을 하고 있는가에 따라, 달려 있다고 합니다.
변화는 내 마음에서부터 시작 됩니다.
과거의 습관이란 그늘에서 너무나 오래 머무르고 있습니다.
이제는 자리에서 일어나 길을 떠날 때입니다.

그 길이 오늘 지금 바로 떠나시기를 바랍니다.

51

"상대방이 어떤 숫자를 생각하고 있는지?"

질문자는 상대방이 1~9까지 아무 숫자나 하나만 생각만 하고 있지 말은 할 필요가 없다고 상대방에게 이야기 합니다.
그렇다면 질문자는 상대방에게 방정식대로 상대방에게 불러 줍니다.
상대방은 끝날 때까지 일절 말하면 안 됩니다.

질문자가 답을 맞추는 게임 입니다.

(생각한 숫자)×2 = (답)+(짝수 숫자를 불러 줍니다) = (답)
÷2 = (답) - (맨 처음 생각 한 숫자) = (질문자가 답을 말 합니다.)
(답) 질문자가 답을 맞추어야 합니다.

*상대방은 어떻게 숫자를 알고 맞추느냐고 놀라운 표정 일 것입니다.

*질문자만 알고 있는 답(항시 짝수 숫자의 2분지1이 답입니다)

52

"길"

안병욱 〈삶의 길목에서〉 글 중에

人生은 여행이요, 우리는 나그네다. 산다는 것은, 자기의 길을 가는 것이다. 눈에 보이는 길(형이하적)인 길, 눈에 보이지 않는 길(형이상적)인 길. 눈에 보이는 길 보다, 눈에 보이지 않는 길이 더 중요하다.

人生의 길 좌표 3가지

1) 人生은 바로 산다는 것이 무엇이냐? 진실하게 산다는 것, 아름답게 산다는 것, 보람 있게 사는 것, 열심히 사는 것, 성실하게 사는 것.

2) 네 갈 길을 열심히 달려라.
사람은 자기가 심은 것을 거두고, 뿌린 것을 추수 한다. 콩을 심으면 콩을 거두고, 팥을 심으면 팥을 거둔다. (人生의 철칙이요, 존재의 섭리다)

3) 기쁜 마음으로 너의 길을 가거라.
원수하고는 십리 길을 가도 피곤하지만 애인하고는 백리 길을 가도 즐겁기만 하다. 이 세상은 모든 것은, 마음가짐에 달려 있다.
남이 나의 人生을 살아 줄 수 없고, 내가 남의 人生을 살아 줄 수 없다.
나의 계획, 나의 선택, 나의 결단, 나의 책임 하에 내가 나의 人生을 사는 것이다.

53

"나 자신을 위한 마음의 쉼터"

서울대병원 강남센터 정신건강의학과 **윤대현** 교수 글에서

우리는 다른 사람의 마음을 이해하기 위해 최선을 다하면서 정작 내 마음을 돌보는 일에는 매우 소홀합니다.

혹시나 내가 한 말이 다른 사람에게 상처나 주지 않았을까? 자책하면서 나 자신에게 했던 모질고 냉정한 말들에 대해서는 대수롭지 않게 여깁니다.

갑자기 우울감에 빠지고 무기력 해져서, 모든 일에 쉽게 짜증이 나고 포기하고 싶은 순간을 맞이하죠.

왜, 우리는 남에게는 친절하면서 나에게 무례 할까요? 많은 사람들이 의지가 부족하거나, 나약해서 힘든게 아니라, 오히려 지나치게 참거나 애쓰기 때문에 정작 필요한 순간에 힘을 내기 어렵다고 합니다.

그동안 소중히 대해주지 못했던, 내 마음을 다독이고, 위로하고, 사랑해 주세요. 하루에 잠깐이라도 나를 위한 시간을 가져 본다면, 애쓰지 않아도, 저절로 힘이 나는 자신을 발견하게 될 겁니다.

54

"흔들리며 피는 꽃"

도종환 시인

흔들리지 않고 피는 꽃이 어디 있으랴
이 세상 그 어떤 아름다운 꽃들도
다 흔들리면서 피었나니
흔들리면서 줄기를 곧게 세웠나니
흔들리지 않고 가는 사랑이 어디 있으랴

젖지 않고 피는 꽃이 어디 있으랴
이 세상 그 어떤 빛나는 꽃들도
다 젖으며 피었나니
바람과 비에 젖으며 꽃잎 따뜻하게 피웠나니
젖지 않고 가는 삶이 어디 있으랴

人生에서도 살아가는 모습이 그렇게 평탄하게 살아 갈 수가 있나요?
때로는 고통과 역경 속에 힘들게 살아가지만 시간이 지나가면
그때 그 시절을 잊고 살아 갈 때가 너무나 많이 있습니다.

미래에도 마찬가지 그 어떠한 힘든 어려움이 닫아 온다 해도
우리는 능히 극복할 수 있는 힘이 있으리라 생각합니다.
왜냐 하면, 많은 경험이 있었기에- 지금 이 시간도 흘러가고 있습니다.

55

"사랑인줄 알고 가슴이 뛰었는데, 부정맥"

일본 노인 요양원 협회가 공모 했다는 **하이쿠 우수 작품** 글

나는 연상이 이상형인데, 더 이상 없어.
전철 개찰구가 안 열려 봤더니, 이건 진찰권.
LED 전구, 내 남은 수명으로는, 다 쓰지도 못해.
이생의 미련 없다고 하지만, 지진에는 도망가.
느낌 있는 글씨체라고 칭찬 받은, 수전증.
펜과 종이 찾는 도중에, 쓸 문장 까먹어.
세 시간 기다려 진찰받은 병명, 노환.
만보계 절반 이상이, 물건 찾는데 다가네.
사랑인줄 알고 가슴이 쿵탕쿵탕 뛰었는데,
알고 보니 - 부정맥.

56

"도둑이 독실한 신자가 된 이야기"

어느 날 울타리가 없는 산골 절에 도둑이 들어 왔습니다.

지게에 쌀 한가마를 잔뜩 퍼서 지게에 담아 일어나려고 하니, 힘이 부쳐 일어나지 못하고 있었습니다.

도둑은 계속해서 일어나려고 애쓰기를 몇 번이나 하고 있을 때, 그때! 노(老)스님이 발견하고 조용히 지게 뒤로 돌아가, 도둑이 또 다시 지게를 지고 일어나려고 할 때, 지그시 밀어 주었습니다.

도둑이 힐끗 돌아보고 있을 때, 노(老)스님은 "아무소리 하지 마시고 지고 내려가게"-

도둑은 그 후로 암자의 독실한 신자가 되었다는 이야기입니다.

* "배려" 는 상대방의 마음을 울리고, 마음을 움직이게 합니다.

57

"모퉁이"

안도현 시인

모퉁이가 없다면 그리운게 뭐가 있겠어
비행기 활주로, 고속도로, 그리고 모든 막대기들과
모퉁이 없는 남자들만 있다면 뭐가 그립기나 하겠어

모퉁이가 없다면 계집애들의 고무줄 끊고 숨을 일도 없었겠지
빨간 사과처럼 팔딱이는 심장을 쓸어내릴 일도 없었겠지
하교길에 그 계집애네 집을 힐끔거리며 바라볼 일도 없었겠지
인생이 운동장처럼 막막했을거야

모퉁이가 없다면 자전거 핸들을 어떻게 멋지게 꺾었겠어
너하고 어떻게 담벼락에서 키스 할 수 있었겠어
예비군 훈련 가서 어떻게 맘대로 오줌을 내갈겼겠어
먼 훗날, 내가 너를 배반해 볼 꿈을 꾸기나 하겠어
모퉁이가 없다면 말이야

골목이 아니야 그리움이 모퉁이를 만든거야
남자가 아니야 여자들이 모퉁이를 만든거야

모퉁이를 돌아쳐 나가면 무언가 마주칠 것 같은 두근거리던 어린 시절 어른이 되어있는 지금, 모퉁이를 돌아쳐 나갈 때 어떤 생각을 할까?

모퉁이를 돌아 새로운 대로가 될 것인가.

우리들의 삶이 얼마나 많은 모퉁이를 만나고 헤어지고 있는 가!

모퉁이가 있기 때문에 희망으로 삶을 살 수 있지 않을 까, 생각해 봅니다.

58

"색(色) 하나만 바꿔도 몸과 마음이 건강해 진다"

김선현 〈컬러가 내 몸을 바꾼다〉 글에서

우리는 태어나서 죽을 때까지 다양한 색을 마주하게 됩니다.

기본적으로 먹고, 입고 지내는 것에서, 엔터테인먼트에 이르기 까지, 다양한 영역에서 수 백 가지의 색채가 우리 몸과 마음을 유혹하게 합니다.

눈이 피로 할 때 초록색을 보면 좋고, 마음이 우울 할 때에는 밝은 노란색이 기운을 북돋워 준다는 것 등은 이미 널리 알려진 사실입니다. 그러나 이런 단편적인 부분 외에도 각각의 색은 우리의 신체와 정신에 놀라운 영향을 미치게 합니다.

현대에 들어서면서는 심리적 치료와 더불어 컬러마케팅이나, 영화 드라마의 상징적 의미는 담는 등, 사회 경제 문화적인 측면에서도, 컬러가 다양하게 활용되어 그 영향을 키워 가고 있습니다.

거실의 커튼이나, 방의 이불, 옷, 음식 등 우리가 일상에서 마주치는 모든 것들이 새롭게 색을 입을 수 있습니다.

언뜻 사소해 보일지 모르지만, 이 작은 변화가 사람의 마음을 움직이고 결국 몸의 건강까지 지켜주는 것입니다.

*우울한 마음을 밝혀주는 컬러

우울한 마음을 치료하기 위해서는 따뜻한 계통의 색을 가까이 두고, 그 기운을 접하면 좋습니다.

열정과 에너지를 자극하는 빨강이나 온화하고 따뜻한 느낌의 주홍과 분홍, 생기와 밝음을 주는 노랑을 적극 활용하기보다 벽 색깔을 복숭아 색이나 분홍색으로 하고 좀 더 생기와 균형을 불어 넣고 싶다면 빨강의 보색인 녹색 소품을 활용하는 것도 매우 좋습니다.

59

"人間은 이世上에 5번 태어난다"

안병욱 〈삶의 길목에서〉 글 중에

첫 번째

어머니 뱃속에서 나의 생명(生命)이, 이 세상(世上)에 태어나는 것입니다.
그 것은 생물학적(生物學的) 탄생이다.
이것은 하나의 운명(運命)이요, 섭리다.

두 번째

사랑 할 때입니다.
세상(世上)에서 이성(異性)에 대한, 사랑처럼, 강(强)한
감정(感情)이 없고, 뜨거운 정열(情熱)이 없으며,
아름다운 희열(喜悅)이 없다.
체면도 무너지고, 어떤 때는 죽음보다도 강(强)합니다.

세 번째

하나님을 알고, 신(神)을 체험하고, 종교적 탄생,
그것을 낡은 자가 죽고, 새로운 자아(自我)가 다시
태어나는 신생(新生)입니다.

네 번째

죽음 앞에 설 때입니다.
죽음은 生의 종말(終末)이요, 존재(存在)의 부정(不正)이요,
신생(新生)의 종지부(終止符)다.
나의 모든 것을 버리고, 무(無)로 돌아가는 것이요,
사랑하는 모든 것과 영원히 이별(離別)하는 것입니다.

다섯 번째

자기(自己)가 사명(使命)을 깨닫는 날이다.
인간은 사명적 존재다
나의 생명이 나의 사명을 만날 때
나는 비로써 나의 의미와 가치를 깨닫고
성숙한 자아(自我)로 성장한다.
나는 무엇을 할 것이냐, 나는 어떻게 살 것이냐,
이것은 인생의 근본적인 물음이다.
이 물음에 대하여 명확한 대답을 주는 것이 사명감(使命感) 입니다.

60

“체온 1도가 내 몸을 살린다”

사이토 마사시 글 중에

현대 사회에서 모든 정신적, 육체적 질병을 일으키는 요인은 무엇인가?

“체온 1도가 내 몸을 살린다”는 그 근본 원인이 바로 저체온에 있다고 말한다. 각종 스트레스가 자율 신경과 호르몬의 균형을 무너뜨려 저체온을 유발 한다는 것이다. 체온이 1도 내려가면 면역력은 30% 떨어지고, 반면에 체온을 1도만 올려도 면역력이 500~600% 향상 된다고 한다.

chapter 1. 체온 1도가 건강을 결정한다.

체온이 1도 내려가면 면역력은 30% 떨어집니다.

감기인가 싶으면 욕조 목욕을 하라 / 감기약과 해열제가 면역 체계를 망가뜨린다.

체온이 낮으면 암세포가 활발해 진다 / 남성이 대상 증후군에 걸랄 위험은 여성보다 4배 높다 / 남성의 아침 발기는여성의 생리만큼이나 중요합니다.

체온만 올려도 내장지방이 빠진다 / 하루에 한 번 체온을 1도 올려라 / 저체온은 만병의 근원, 고체온은 건강의 원천입니다.

chapter 2. 이것이 “체온 업 건강법” 이다.

체온을 올리면 모든 것이 좋아 진다 / 왜 50대를 넘으면 쉽게 병에 걸릴까/

근육양을 늘리면 체온을 자연스럽게 올라간다 / 근육이 줄고 지방은 늘어나는 '나쁜 다이어트' 근육은 쓰지 않으면 점점 없어진다 / 유산소 운동은 지방을 줄이고 무산소 운동은 근육을 단련 한다 /

다이어트 효과를 내배로 끌어올리는 성장호르몬 활용법 / 냉증을 고치려면 근육부터 단련하라 / 근육의 양을 늘리기보다 근육의 질을 높여라 / 근육트레이닝이 두뇌 활동을 돕는다.

남성 기능 회복에도 근육트레이닝이 효과적이다 /근육트레이닝은 사흘에 한번이 좋다.

chapter 3. 스트레스가 체온을 떨어뜨린다.

모든 병은 스트레스에서 시작 한다 / 일찍 자고 일찍 일어나는 것이 몸에 좋은 이유 /

자율 신경의 균형이 무너지면 저체온이 된다. / 진통해열제, 스테로이드제, 항암제를 주의하라 /

운동 부족과 불규칙한 생활이 알레르기 질환의 원인이다/ 스트레스를 받으면 세포도 손상되고 혈액이 끈끈한 원인은 저체온 때문이다 / 노화를 막으려면 체온부터 올려라 /

chapter 4. 저 체온을 막는 건강한 생활 습관

날마다 건강해지는 이상적인 하루 계획표 / 저절로 잠에서 깼으면 다시 자지마라 /

불을 켜둔 채 자지마라 / 수면제는 수면 장애를 더욱 악화 한다 / 수면장애에 시달릴 때는 멜라토닌을 먹어라 / 밤 10시에 자고, 아침 5시에 일어나라 / 따뜻한 물은 가장 좋은 건강 음료다 / 비가 오나 바람이 부나 매일 아침 30분씩 걸어라 / 매일 아침 사과와 당근 주스를 마셔라 / 저녁식사를 하고 4시간 뒤에 자라 / 욕조물 온도는 반드시 41도로 설정하라 / 신(神)이 정한 인간의 체온은 37도이다/

61

"건배(Toast)"

이철영 R.O.T.C 8호 회보 글에서

기원전 6세기경 그리스인과 로마인들은 사회질서 유지를 위해 적이나 도둑 등을 와인의 독을 타서 독살하는 일이 많았다.

건배(Toast)의 어원인 라틴어 "Tostus" (굽다)는 와인의 산도(신맛)를 조절하고 와인 속에 완전히 녹지 않은 독을 감추기 위하여 태운 빵조각을 와인에 넣는 당시의 관행을 지칭하는 말이다.

당시 건배는 서로 잔을 부딪치는 과정에서 와인이 튀면서 섞이는 것을 보고 서로 와인 잔을 부딪칠 때 나는 종소리가 술을 취하게 하는 악귀를 쫓아버린다고 생각하였다.

18세기까지는 주로 건강을 기원하는 건배였으나(이탈리아: a lasalute, 프랑스: a la votre, a votre sante), 요즘은 서로 호의와 우정을 다짐하고 특정사람, 업적, 행사 등을 축하하는 의식으로 발전 하였다.

건배는 모든 사람들이 포크와 나이프를 잡고 있지 않는 시점인 식사 시작 전이나 디저트 코스가 끝난 후에 하는 것이 좋다.

건배 제의자는 일어서서 모든 사람이 주목 하도록 와인잔을 살짝 두드린다.

건배에 관련한 에티켓은 아래와 같다.

1) 만찬이나 파티의 주최자가 먼저 건배를 제의 하도록 한다.

2) 건배 제의자(Toastmaker, Toastmaster, Toastmistress)는 일어서서 짧고

정중하게 모임이나 행사의 성격에 적합한 건배 제의 인사말을 한다.

3) 건배 제의는 잔을 들어 올리면서 "Cheers!"를 외치는 것으로 마무리 한다.

4) 건배 제의에 따라 주위의 사람들과 잔을 부딪치며, 잔을 부딪칠 때에는 상대방의 눈을 쳐다본다.

5) 건배 후에는 각자 들고 있는 잔의 와인을 한 모금 마신다.
(잔을 통째로 비우지 않는다)

6) 건배를 받는 당사자는 건배한 와인을 마셔서는 안되며, 일어서서 건배 제의 인사말에 간단히 답하거나, 참석자들이 건배한 잔을 한 모금씩 마신 후 건배를 제의 한다.

7) 건배시에는 박수를 치지 않는다.
(건배 잔의 와인을 마시는 것으로 충분하다)

8) 술을 마시지 않는 사람은 빈잔이나 물잔으로 건배해도 무방하다.

62

"질병에 대한 의사와 일반 사람의 견해 차"

세브란스병원 건강 칼럼

일반 사람들은 흔히 의사가 설명할 때는 다 이해한 것 같은데 지나고 보면 무엇을 들었는지 잘 모르겠다고 합니다. 또한 병명을 듣기는 하였는데 그 것이 무엇인지 기억이 나지 않는다고도 합니다. 반대로 의사는 나름대로 자세히 설명을 하고 충분히 이해 시켰다고 생각 하였는데 후에 보면 전혀 그런 것 같지가 않다고 이야기 합니다.

이런 견해 차이는 일반 사람들이 생각하는 병에 대한 생각과 의사가 말하는 질병의 개념이 서로 다르기 때문일 것입니다.

일반 사람들은 몸에 불편한 증상이 발생하면 그것이 바로 병이라고 추측합니다만 의사는 그대로 놔두면 사망하거나 불구가 될 수 있는 질병을 먼저고려하며 이런 실병과의 관련성이 적으면 관심을 덜 기울이는 경향이 있습니다. 실제로 환자는 계속 통증 등의 괴로움을 호소하더라도 특별한 신체의 기능 장애나 질병이 나타나지 않고 장기간 건강이 악화되지 않는 경우도 있습니다.

치료에 대하여도 일반사람과 의사는 생각이 약간 다릅니다. 일반사람들은 모든 증상이 없어지고 원 상태로 완전히 회복되는 것을 바랍니다만 의사는 -물론 질병의 종류에 따라서 다르지만 -진행을 막고 손상된 장기의 기능 회복에 더욱 관심을 두게 됩니다.

예로 충수염(일반 사람들은 주로 맹장염이라고 함)은 환자로서는 우선 통증이 문제이지만 의사는 이것에 의한 합병증인 복막염이나 패혈증 을 먼저 걱정하고 수술하게 됩니다. 환자가 계속 불편한 증상을 호소하는데도 의사가 병이 발견되지 않았다거나 치료가 되었다고 하는 것은 대부분 바로 이런 생각의 차이 때문일 것입니다.

63

"작은 글귀 모임으로 변화된 마음"

* 바닷가의 조약돌 그토록 둥글고 예쁘게 만든 것은, 무쇠로 된 정이 아니라, 부드럽게 쓰다듬는 물결인 것입니다.

* 땅에 떨어진 작은 씨앗 하나가 많은 열매를 맺습니다.

* 긍정적인 말은 짧고 부정적인 말은 길며, 선하고 좋은 말은 짧고, 악하고 나쁜 말은 길어집니다.

* 눈의 색깔은 바꿀 수 없지만, 눈빛은 바꿀 수가 있습니다.
  입의 크기는 바꿀 수 없지만, 입의 모양은 미소로 바꿀 수 있습니다.

* 숨이 멈춘 사람에게는 한 번에 들숨이 목숨을 살리고, 타는 목마름 에는, 이슬 한 방울이 기적의 물이 됩니다.

* 내가 베푼 사랑이 돌아오지 않거든, 내가 베푼 사랑이 부족함을 깨달아야 할 것입니다.

* 낙숫물에 물이 떨어져 섬돌에 구멍이 파입니다.

* 악보에 쉼표 (▬)는 괜히 있는 것일까? 힘은 멈춤에서 나옵니다.

* 네게 웃음이 없고 웃음이 생기지 않으면, 내 웃음이라도 빌려가거라.

* 우리에 인생이 겪게 되는 고통과 고난은, 90%가 왼쪽 신발을 오른쪽 발에 신으려고 애쓰기 때문입니다.

* 나무는 열매로 일려지지 잎으로 알려지지 않습니다, 잎으로 가려져 열매는 보이지 않지만, 모든 나무들은 숨어 있는 열매로 알려 집니다.

* 조금씩 흙을 옮기면 산을 옮길 수 있고, 소걸음이 느려도 만 리 는 갈 수가 있습니다.

* 지식을 쌓기 위해 배우는 고통은 잠깐 일지는 몰라도, 배우지 못한 고통은 평생토록 겪게 됩니다.

* 허비한 시간은 배우지 않고 깨닫지 못한 시간이고 나를 고치지 못하고 남을 고치려한 시간입니다.

* 세상에 태어난 것은 선택 할 수 없지만, 어떤 삶을 살 것인지의 과정은 선택 할 수가 있습니다.

64

"강물은 짜지 않는데, 바닷물만 짠 까닭은?"

바닷물에 녹아있는 성분을 살펴보면, 염화나트륨(NaCl) 즉 소금이 대 부분입니다.

염소 (Cl)이온은 화산 폭발로 나오고, 나트륨(Na)은 암석이 부셔져서 흙이 되는 과정에서 빗물이 씻겨 내려가 바다로 들어갑니다.

강물은 바다 표면에서 수분이 증발해 만들어진 구름이 바람을 타고 육지로 와서 비를 뿌려 만들어집니다. 염분은 없고 수분만 증발해 생긴 구름이 만든 물이기 때문에 강물은 짜지 않습니다. 빗물에 광물질이 일부 녹아 들 수도 있지만, 양이 워낙 적고 바다처럼 계속 쌓이지 않아 짠맛을 내지 못합니다.

맹물인 강물이 계속 흘러들어도 바닷물이 싱거워지지 않는 것은 바다와 비교하면 강물의 양이 매우 적기 때문입니다.

이스라엘의 사해(死海)처럼 육지에서도 바다처럼 물이 짠 소금 호수들이 있습니다. 과거 바다였던 곳이 고립되면서 물이 증발하고 소금농도가 짙어졌기 때문입니다. 소금 호수의 소금 농도는 바닷물의 5~10배나 됩니다.

미국이나 남미에서는 석탄을 캐듯 광산에서 소금을 캡니다. 역시 과거 바다였던 곳이 지각활동으로 솟아올라 바닷물이 증발하고 소금만 남아 굳어버린 것입니다.

바닷물 100g에는 소금이 평균 35g 정도 녹아 있습니다. 지구상에서 가장 짠 바다는 적도 지역으로 생각하기 쉽지만 사실 위도 20~30도인 중위도 지역입니다.

적도는 온도가 높지만 소나기가 많이 내려 바닷물이 묽어 집니다.

반면 중위도는 고기압지대라 날이 맑아 비가 적게 내리고 바람이 잘 불어 수분 증발이 심해 소금 농도가 짙어집니다. 이 지역의 육지 역시 물이 부족해 사막이 널리 분포하고 있습니다.

우리나라에서는 서해(西海)보다, 동해(東海) 바닷물이 더 짭니다.

동해(東海)쪽으로는 육지에서 유입되는 큰 강물이 없지만, 서해(西海)쪽에는 양쯔강 등 바다로 유입되는 큰 하천들이 많기 때문입니다.

남해(南海)는 동해(東海)와 서해(西海)의 중간쯤 됩니다.

65

"피, 눈물, 땀"(3대 액체)

안병욱 〈삶의 길목에서〉 글 중에

피와 눈물과 땀은 하나님이 인간(人間)에게 준 고귀한 3대 액체이다.

피는 용기의 상징이요, 눈물은 정성의 상징이요, 땀은 노력의 상징이다. 인생(人生)의 모든 위대한 것은 피와 눈물과 땀의 산물이다. 피와 눈물과 땀을 흘리지 않고는 절대로 위대한 것을 성취 할 수가 없고, 존귀한 경지에 도달 할 수가 없고, 영광과 승리의 월계관을 쓸 수가 없다.

너는 인생(人生)에서 얼마나 피를 많이 흘렸고, 얼마나 눈물을 많이 흘렸고, 얼마나 땀을 많이 흘렸느냐에 따라서 네 인생(人生)의 성패(成敗)가 좌우되고, 네 운명(運命)의 흥망성쇠(興亡盛衰)가 결정된다.

피눈물과 피땀 없이는 결코 인생(人生)의 대업(大業)을 이룰 수가 없다. 피는 생명이요, 생명은 피다. 우리 몸속의 피 ⅓을 잃으면 우리는 죽고 만다. 피 속에는 영양소와 산소를 공급하는 적혈구(赤血球)가 있고, 인체의 독소를 죽이는 백혈구(白血球)가 있다.

피가 마르는 것은 생명(生命)이 마르는 것이다. 피가 뛰는 것은 생명(生命)이 뛰는 것이다. 우리의 몸에는 뜨거운 피가 넘쳐야 한다. 생기발랄한 열혈(熱血)의 인간이 되어라.

눈물은 정성의 심벌이다. 우리의 눈물에는 여러가지가 있다.

감격의 눈물, 감사의 눈물, 슬픔의 눈물, 기쁨의 눈물, 통분(痛憤)의 눈물, 참회(懺悔)의 눈물. 눈물은 화학적으로 분석하면 수분과 염분으로 구성된다. 그러나 눈물은 화학적 성분 이상의 것이다. 눈물 속에는 열이 있고, 혼이 있고, 감동이 있고, 순수가 있고, 정성이 있고, 참이 있고, 진실이 있다. 눈물은 우리의 혼을 정화(淨化)시키고 인격을 심화(深化)시킨다. 철학자 아리스토텔레스는 이것을 카타르시스라고 했다. 피도 눈물도 없는 사람은 사람이 아니다. 눈물은 인간(人間)을 인간답게 하는 근본이다. 눈물이 메마른다는 것은 감격의 샘이 메마른다는 것이다.

땀은 노력의 심벌이다. 이마에 구슬땀을 흘리며 자기 일에 몰두 하는 사람이 큰일을 이루어 놓는다. 땀은 열심히요, 근면이요, 역행(力行)이요, 전심(傳心)이요, 열중(熱中)이다. 땀은 우리 몸에서 분비되는 진액이다. 땀은 눈물과 마찬가지로 수분과 염분으로 구성된다. 땀이 눈물과 다른 점은 특유한 냄새가 나는 점이다.

발명왕 **에디슨**은 말했다.

"천재는 99%의 땀과 1%의 영감(靈感)으로 구성된다"

땀이 천재를 만든다. 땀을 많이 흘려라. 땀은 성공의 어머니요, 승리의 아버지이다. 땀으로 인생(人生)의 밭을 갈아라. 땀으로 번영의 탑을 쌓아라. 땀으로 행복의 집을 지어라.

영어에는「No sweat, no sweet」라는 명언이 있다.

고생 끝에 낙이다. 땀(Sweat)을 흘리지 않으면 기쁨(Sweet)이 없다. 우리는 땀을 사랑하고 땀을 흘리기 좋아하는 열성(熱誠)의 애한인(愛汗人)이 되어야 한다.

피는 뜨겁다. 눈물은 맑다. 땀은 소중하다.

피와 눈물과 땀, 신(神)이 너에게 준 3대 액체로 네 인생(人生)의 푸른 언덕에 환희와 창조의 기념비를 세워라.

66

"사랑의 가치"

사람은 누구나 장점(長點)이 5개이면 단점(短點)은 4개가 됩니다.

내 장점 다섯 손가락 사이에 상대방의 단점 4개의 손가락 깍지를 끼게 해 주고 내 단점 넷 손가락을 상대방 장점 다섯 손가락 사이에 깍지를 끼게 해 주면 손바닥과 손바닥이 사이에 물을 부으면 물 한 방울이 세지 않는 아주 단단한 화합(和合)에 일치(一致)가 되어 집니다.

사랑도 장점(長點)과 단점(短點)이 서로 채워질 때, 사랑의 가치는 배가(倍加)되고, 정(情)은 더욱 더 돈듯하게 쌓이게 됩니다.

* 등으로 지면 (짐)이 되지만, 가슴으로 안으면 (사랑)이 됩니다.

67

"황금 비율(黃金比率). Golden ratio 모나리자 얼굴에도 숨어 있다" (1: 1,618...)

우주에서 가장 아름다운 비율이라고 한다. 황금 비율은 약 1:1,618... 의 표현 된다. 자연수로 바꾸면 3:5나 5:8에 가까운 비율로 모든 요소가 조화와 대칭을 이루어 보기에 편안하고 아름답게 느껴진다.

이는 수학학적으로 가장 아름답다고 여겨지는 비율이다.
이러한 황금 이율을 토대로 면을 나누는 것을 황금 분할이라고 한다.
보통 우리는 미적(美的)으로 완벽한 비율을 말하며, 인간이 봤을 때 가장 균형 잡혀 있고 안정적으로 보이는 비율을 말하며, 수학자뿐 아니라 건축가와 예술가들에게까지 많은 영향을 미쳤었다.

모나리자 얼굴 속 황금 비율

황금 비율이 처음 거론된 건 그리스 수학자 피타고라스(기원전582?~497?) 때로 거슬러 올라가면 피타고라스는 만물의 근원을 수(數)라고 보고 모든 세상을 수학적 법칙으로 설명하려고 했으며 특히 정오각형의 각 꼭짓점을 대각선으로 연결해서 만든 별 모양에서 이상적인 '황금 비율'을 발견 했었다.

우리에게 가장 유명한 걸작 중 하나인 이탈리아 화가 레오나르도 다빈치(1452~1519)의 '모나리자'를 보면 르네상스 시대를 대표하는 이 명화에도 황금비가 이용 되었으며 아름다운 한 여인(女人)이 먼 산과 강을 배경으로 신비로운 미소를 지으며 조용히 앉아 있는 '모나리자'는 상체를 약간 옆으로 돌린 채 얼굴만 정면을 바라보고 있어서 완전한 정면이나 측면만 그렸던 당시로선 상당히 파격적인 초상화였다고 한다.

여인의 얼굴 자체가 황금비율이며 여인의 얼굴 가로의 길이를 1 이라고 하면 세로의 길이는 약 1.6, 턱에서 코끝까지의 길이를 1이라고 하면 그 코끝에서 눈썹까지의 길이는 약 1.6, 코의 넓이를 1이라고 하면 입에서 턱까지의 길이가 약 1.6이다. 다빈치는 여인(女人)의 얼굴을 온통 황금비로 그린 셈이다.

현재 일상생활 속에서도 적용 하고 있는 것은.
신용 카드 1:1.5 ...
A4용지 1: 1.414...등이 있다.

68

"나이 들면 소화액 분비가 감소됩니다"

세브란스병원 노년내과 **김광준** 교수

나이가 들면 소화액 분비가 감소되며 충분히 잘 씹고, 과식을 피하여야 합니다. 심장이나 폐에 비해 나이 들어도 비교적 잘 버티는 게 소화기입니다. 먹어야 살기 때문에 그래도 노화는 피할 수 없습니다.

우선 음식을 입에서 위로 전달하는 식도는 근육 수축력이 감소하게 됩니다.

위와 식도 중간의 괄약근 기능이 점점 떨어지기 때문입니다. 이 때문에 어르신들은 명치 부위가 답답하고 신물이 올라오고, 신트림이 자주 나온다고 말씀 하십니다.

위에서 나오는 위액 성분 중 위산은 '쇠도 녹이는 매우 강한 산' 이라고 보면 됩니다. 주로 단백질을 분해하는데 위는 위산과 평생을 같이 지냅니다. 위산으로부터 스스로를 보호하기 위해 위 점막을 가지고 있습니다. 그런데 나이가 들면 점막 두께나 보호 능력이 줄어들며, 위염이나 궤양이 잘 생길 수가 있습니다. 특히 고령층은 통증으로 아스피린이나 비 스테로이드 항염증 제(NSAID)를 복용하는 경우가 잦은데, 그러면 궤양 위험도 더욱 커집니다.

한편으로는 위액 분비량이 떨어져 위축성 위염이 생길수가 있습니다. 이는 위가 나이를 먹어가고 있다는 대표적인 신호이며, 이 상태가 되면 음식물을 분해하는 소화 기능이 현저히 떨어지게 됩니다. 위가 음식을 십이지장 쪽으로 배출시키는 속도가 감소되며, 식사를 하고나서 오랫동안 배가 더부룩하거나 헛배가 찬 느낌이 올 수가 있습니다.

음식이 십이지장으로 내려오면 지방과 탄수화물을 추가적으로 소화시키고 위산에 의해 산성으로 바뀐 음식물을 중화시킵니다. 여기에는 쓸개즙, 췌장액이 분비되는데 노화과정에서 이러한 성분 분비가 줄면 기름진 지방질 음식 소화가 안 됩니다. 묽은 변도 보기가 쉽고, 탄수화물 분해가 덜 되어 방귀가 자주 나오고 가스가 차는 증상이 생기게 됩니다.

나이 들어도 음식 소화를 잘 하려면 일단 너무 뜨겁고, 짜고, 매운 자극적인 음식을 피하는 것이 상책입니다. 이는 소화기를 보호하는 화장품과 같습니다. 위, 식도 역류를 줄이려면 식후에 바로 눕는 습관을 버려야 합니다.

식도. 위. 십이지장 상부 소화기 노화와 대처법

상부 소화기 : - 식도 위 괄약근 수축력 감소, 위산 역류증가
- 위산 견디는 점막 기능 저하, 위염 증가
- 위액 분비가 줄어 소화 기능이 약해져
- 쓸개즙, 췌장액 조절기능이 감소되어 지방질 소화가 안돼

대 처 법 : - 음식을 입에서 충분히 씹어 삼켜야
- 과식 피하고 조금씩 나눠 먹어야
- 식후 바로 눕는 습관 버려야

69

"인생의 남은 시간 알려면 한쪽 다리로 서 보라"

김철중 의학전문기자

밤샘 근무해도 끄떡없거나, 높은 산을 타도 지치지 않으면 "체력 좋다"라는 말을 흔히 한다. 체력은 단순히 근력이나 지구력만을 의미 하지 않는다.

민첩성, 유연성, 안정감도 포함된다.

인간(人間) 삶이 그렇듯, 강하고도 기민하고 때론 부드러워야 삶을 최적화하는 좋은 체력이다. 건강하게 보였던 사람인데 어느 날 부고 소식이 들리면, 인생(人生)허망하단 생각이 드는데, 대부분 체력 부족이 근본 원인이다. 갑작스레 병이 생겨도 체력이 좋으면 상당기간을 버틴다. 누구나 질병 이고 사는

고령 장수 사회에서 체력은 질병 인내력이라고도 할 수 있다.

그러기에 일본에서는 장수 지표로 65~79세 표본 계층을 대상으로 매년 체력을 잰다. 거기에는 다양한 항목이 들어간다. 손으로 쥐는 힘 악력, 윗몸일으키기, 무릎 펴는 힘 등으로 근력을 본다. 벽에 엉덩이를 바짝 붙이고 앉은 자세에서 상체를 숙이고 팔을 뻗어 무릎위에 놓인 상자를 앞으로 얼마나 멀리 밀어내는지를 본다.

유연성 측정이다. 한쪽 다라로 몇 초간 서 있는지도 잰다. 균형감 테스트다. 의자에 앉아 있다가 6m 앞에 놓인 목표물을 걸어서 갔다가 되돌아와 앉는 시간을 측정하기도 한다. 근력과 안정감을 보는 복합 능력 테스트다. 6분간 보행한 거리도 측정한다. 6분간 평소 걷는 보폭으로 이동한 거리가 755m 이상이면 만점, 600m 후 반대면 우수다. 여자는 690m 이상은 만점, 600m 초반이면 우수다.

한쪽 다리로 서 있기는 가장 쉽게 측정 할 수 있는데, 눈을 뜬 상태에서 양손을 허리춤에 대고, 한쪽 발을 5cm 정도 올렸을 때를 기준으로, 남자는 120초 이상이면 만점이고, 60초 버티면 우수다. 여자도 120초는 만점, 50초면 우수다. 당신은 얼마나 오래 서 있을 수 있나? 그것은 남은 인생(人生)의 시간(時間)을 짐작 할 수 있다.

70

“히포크라테스 선서와 제너바 선언”

히포크라테스 선서

나는 의학의 신 그리고 건강과 모든 치유, 그리고 여신들의 이름에 걸고 나의 능력과 판단으로 다음을 맹세하노라.

나는 이 선서와 계약을 지킬것이니, 나에게 이 의술을 가르쳐준 자를 나의 부모님으로 생각하겠으며, 나의 모든것을 그와 나누겠으며, 필요하다면 그의 일을 덜어주겠노라. 동등한 지위에 있을 그의 자손을 나의 형제처럼 여기겠으며 그들이 원한다면 조건이나 보수없이 그들에게 이 기술을 가르치겠노라. 교훈이나 강의 다른 모든 교육방법을 써서라도.

나는 이 지식을 나자신의 아들들에게, 그리고 나의 은사들에게, 그리고 의학의 법에 따라 규약과 맹세로 맺어진 제자들에게 전하겠노라. 그러나 그외의 누구에게도 이 지식을 전하지는 않겠노라.

나는 나의 능력과 판단에 따라 내가 환자의 이익이라 간주하는 섭생의 법칙을 지킬 것이며, 심신에 해를 주는 어떠한 것들도 멀리하겠노라.

나는 요청을 받는다 하더라도 극약을 그 누구에게도 주지 않을것이며 복중태아를 가진 임신부에게도 그러할 것이다.

나는 결석이라도 자르는 일은 하지 않을 것이며, 이러한 기술을 행하는 자

(외과 의사)에 의해서 이루어지게 할 것이다. 내가 어떠한 집에 들어가더라도 나는 병자의 이익을 위해 그들에게 갈 것이며 어떠한 해악이나 부패스러운 행위를 멀리할 것이며, 남성 혹은 여성, 시민 혹은 노예의 유혹을 멀리할 것이다. 나의 전문적인 업무와 관련된 것이든 혹은 관련이 없는 것이든 나는 일생동안 결코 밖에서 말해서는 안되는 것을 보거나 들을 것이다.

나는 그와 같은 모든 것을 비밀로 지켜야 한다고 생각하기에 결코 누설하지 않겠노라. 내가 이 맹세를 깨트리지 않고 지낸다면, 그 어떤 때라도 모든 이에게 존경을 받으며, 즐겁게 의술을 펼칠 것이요 인생을 즐길 수 있을 것이다. 하나 내가 이 맹세의 길을 벗어나거나 어긴다면, 그 반대가 나의 몫이 될 것이다.

제네바 선언

이제 의업에 종사하는 일원으로서 인정받는이 순간,나의 생애를 인류봉사에 바칠 것을 엄숙히 서약하노라.

- 나의 은사에 대하여 존경과 감사를 드리겠노라.
- 나의 양심 위엄으로서 의술을 베풀겠노라.
- 나의 환자의 건강과 생명을 첫째로 생각하겠노라.
- 나는 환자가 알려준 모든 내정의 비밀을 지키겠노라.
- 나의 위업의 고귀한 전통과 명예를 유지하겠노라.
- 나는 동업자를 형제처럼 생각하겠노라.
- 나는 인종, 종교, 국적, 정당정파 또는 사회적 지위 여하를 초월하여 오직 환자에게 대한 나의 의무를 지키겠노라.
- 나는 인간의 생명을 수태된 때로부터 지상의 것으로 존중히 여기겠노라.
- 비록 위협을 당할지라도 나의 지식을 인도에 어긋나게 쓰지 않겠노라.

이상의 서약을 나의 자유 의사로 나의 명예를 받들어 하노라.

히포크라테스 선서와 제네바 선언이 있지만, 환자들을 위하여 얼마나 많은 의사들이 선서와 선언을 통하여 실천하면서 환자들을 진료하고 있을까?

모든 환자들은 몸이 건강해야 마음이 편해집니다.

의사들은 환자를 치료 할 때, 단순히 질병에만 집중 할 것이 아니라, 환자 한 사람의 인생(人生)이 앞으로 어떻게 건강한 삶을 살아갈 것인가를, 의사와 환자간에 서로 신뢰하고, 소통하기를 노력하며, 질병의 원인과 그 이유를 찾고, 의사는 환자들의 마음을 헤아려, 마음 까지도 치료해 주는 그런 의사들이 앞으로 습관화(習慣化) 될 수 있기를 간절히 바라고 소망하며 기대 해 봅니다.

3장
믿음으로 가는 길

"예수께서 이르시되 내가 곧 길이요, 진리요, 생명이니
나로 말미암지 않고는 아버지께로 올 자가 없느니라"

요한복음 : 14장 6절

지금까지 걸어 온 길 되돌아보면, 그 험하고 힘든 길을
어찌 걸어왔나 싶습니다.

앞으로 또 갈 길을 생각해 보면, 그 험한 길을 어찌 걸어갈지,
까마득하고 멀기만 합니다.

그러나 걱정하지 않습니다. 주님이 계시기 때문입니다.
주님이 계시기에 여기까지 올 수가 있었습니다.

이제 지금부터 주님과 함께 동행하면, 나를 비추는 〈거울처럼〉
보게 하시고, 앞을 비추는 〈등대처럼〉 미래를 바라보며

얼마든지 머나 먼 길이라도
행복하고 즐겁게 걸어 갈 수가 있습니다.

그 길은 바로 〈믿음으로 가는 길〉이기 때문입니다.

01

구원의 확신

선생들이여 내가 어떻게 하여야 구원을 받으리이까?
하거늘 주 예수를 믿으라 그리하면 너와 네 집이 구원을 받으리라.
(행 16:30-31)

많은 사람들은 믿기만 하면 구원을 받는다고 말하고 있으나
성경에는 아들을 믿는 자에게는 영생이 있고 아들에게 순종하지
아니 한자는 영생을 보지 못하고 도리어 하나님의 진노가
그 위에 머물러. (요 3:36)

하나님의 아들을 믿음으로써 영생을 얻지만 그 분의 말씀에
순종치 아니할 때 오히려 하나님의 진노를 받게 될 것입니다.

1. 구 원 (Salvation)

구약 성경

노예상태로부터의 해방 또는 위험에 빠진 사람이나 나라를 대신해서 구해 주는 행위.

구약에서의 구원

죄로부터의 영적인 구원 (시 51:14 ; 겔 37:23)을 뜻하는 때도 있었지만

대부분의 경우는 실제적인 의미, 애굽(시106:7-10)이나 환난(렘30:7).원수(삼하3:18; 시44:7), 병(사38:20)등으로부터의 구원을 말하였으며 그 주체는 대부분 하나님이셨습니다.

신약 성경

주로 죄, 죽음 그리고 사탄의 권세로부터 믿는 이들을 구해내시는 예수그리스도를 통한 하나님의 사역과 관련된 행위.

신약에서의 구원

하나님께서 인간을 위해 마련하신 놀라운 은혜였으며 죄에 상태에 놓여 있는 인간을 사랑하셔서 하나님께서 독생자 그리스도를 이 땅에 보내셨고 그리고 인간을 대신해서 피 흘리게 하시므로 하나님과 인간이 온전하게 화목을 이루도록 하셨습니다.

1. 구원에 대한 하나님의 뜻

기독교의 구원은 범죄 한 것을 회개케 하여 죄인을 건져내는 것이 아니라 죄인 자체를 새롭게 바꾸어 범죄 한 것에서 건져내는 것입니다.

"옛사람은 죽고 새 사람으로 거듭나게 하는 것." (엡 4:17-24)

예수를 믿었습니다. 구원을 얻었습니다. 거듭 났습니다. 무슨 의미일까요? 진노의 자녀로 죽을 수밖에 없었던 죄인이 오직 예수님의 십자가 보혈의 공로로 그 형벌을 면한 것을 확신케 하는 것이라 생각 합니다.

우리가 거듭 났다고 해서 죄를 안 짓고 윤리적으로 타락에 빠지지 않을 자신이 있다는 뜻이 아니라 두 번 다시 원죄 아래로 돌아가 사탄의 종이 되지 않겠다는 뜻이라 생각 합니다.

바울은 날마다 자신을 쳐 그리스도께 복종시켜 자기를 낮추며 나는 날마다 죽노라고 고전 15:31절에 말씀 하셨습니다.

그러므로 나의 사랑하는 자들아 너희가 나 없을 때에도 항상 복종하여 두렵고 떨림으로 너희 구원을 이루라고 말씀 하셨고.

빌립보서 2:12절

하나님이 그 아들을 세상에 보내신 것은 세상을 심판하려 하심이 아니요 그로 말미암아 세상이 구원을 받게 하려 하심이라.

요한복음 3:17절

주예수를 믿으라. 그리하면 너와 네 집이 구원을 얻으리라.

사도행전 16:31절

2. 한번 얻은 구원은 잃어버릴 수 있는가 ?

인간이 구원을 얻은 것은 십자가에 우리를 위해 대신 돌아가신 예수그리스도의 공로로 인한 하나님의 전적인 은혜인데 이것을 믿는다면 어떻게 구원을 잃어버릴 수가 있을까요 ?

인간이 구원 되었을 때에는 하나님의 마음에 들었던 상태는 절대적으로 아니었을 것입니다 성경에는 의인은 없나니 하나도 없으며 깨닫는 자도 없고 하나님을 찾는 자도 없고 다 치우쳐 함께 무익하게 되고 선을 행하는 자는 없나니 하나도 없도다. (롬 3:10-12)

우리가 아직 죄인 되었을 때 그리스도께서 우리를 위하여 죽으심으로 하나님께서 우리에게 대한 자기의 사랑을 확증 하셨느니라. (롬 5:8)

하나님은 사울 왕을 세울 때에 하나님이 세운 왕이 아니었으며 사무엘에게 말하기를 이는 내가 네게 말한 사람이니 이가 내 백성을 통합 하리라고 전적으로 사무엘 요구에 의하여 세운 왕이 이였으나 구원 받은 자로서 여러 가지 잘못된 행위(삼상 15:11)와 하나님의 은혜에 진심으로 감사함이 없어 사울 왕의 생애는 길지 않았음을 성경에서 알 수가 있는 것입니다.

어떤 사람은 말하기를 너는 믿음이 있고 나는 행함이 있으니 행함이 없는 네 믿음을 내게 보이라 나는 행함으로 내 믿음을 네게 보이리라 하리라.

(약 2:18)

구원은 행위가 구원의 원인은 아니지만 구원의 결과로 구원 받은 자의 믿음을 증명 해 주는 것입니다. (요 13:34-45)

사도바울은 디모데에게 너는 배우고 확신 한 일에 거하라 (딤후 3:14)고 권면 하였으며 구원의 확신을 얻으려면 하나님의 말씀을 바르게 배워야 할 것입니다.

내 백성이 지식이 없으므로 망하는 도다 네가 지식을 버렸으니 나도 너를 버려 내 제사장이 되지 못하게 할 것이요 네가 네 하나님의 율법을 잊었으니 나도 네 자녀들을 잊어버리리라. (호 4:6)

하나님의 성령을 근심하게 하지 말라 그 안에서 너희가 구원의 날까지 인치심을 받았느니라. (엡 4:30)

구원은 구원 받은 것에 만족하는 것이 아니라, 끊임없는 노력과 훈련을 통해 성화의 단계까지 성장해야 할 것입니다. (구원을 완성 하는 것)

바울은 구원을 그리스도의 사역에 근거하여 (요17:2; 딤전2:5; 딤후1:9)

날마다 지속적으로 이루어가야 할 것이며 (빌2:12)

미래에 완성 될 것 (롬13:11; 벧전1:5)

이라고 보았습니다. 이와 같이 예수를 믿고 구원에 확신을 얻어 삶속에 주님의 그 명령을 얼마나 잘 지키고 있는지 우리 스스로 에게 묻고 대답 할 수 있어야 할 것입니다.

02

교회 예배와봉사 헌신

너희도 성령 안에서 하나님이 거하실 처소가 되기 위하여 그리스도 예수 안에서 함께 지어져 가느니라. (엡 2:22)

주의 궁정에서의 한 날이 다른 곳에서의 천 날보다 나은즉 악인의 장막에 사는 것보다 내 하나님의 성전 문지기로 있는 것이 좋사오니. (시 84:10)

1. 교회(Church)

교회는 하나님께서 특별히 부르셔서 이전과는 달리 구별된 삶을 살기로 작정한 사람들이 모인 모임이며 하나님의 약속에 그 근거를 둔 구원의 공동체를 말 합니다.

성경에 나타난 초대교회는 예루살렘의 한 다락방 기도 모임에서 시작 되었고 그 곳에서 믿음을 가지고 순종하여 겸손하게 성령을 기다리며 열심히 기도하고 있을 때 오순절 성령 강림을 통하여 많은 사람들이 그리스도인으로 변했고 그로인해 성령 충만하여 복음을 전파하고 교인들의 수는 날로 헤아릴 수 없을 만큼 늘어났음을 성경에는 기록되고 있는 것입니다 .

"주께서 구원 받는 사람은 날마다 더하게 하시니라. (행 2:47)

바울은 고린도 교회를 하나님의 성전 (고후6:16)이라 불렀고 하나님의 거하실 처소(엡 2:22)가 되기 위해 함께 지어져 간다고 말씀하였으며 또한 교회는 하나님을 대적하는 자들을 대항하여 진리를 수호하는 하나님의 교회와 하나님의 성령이 거하시는 성전임을 지적하고 성전이 거룩할 것을 권면 하셨습니다. (고전 3:16-17)

*오늘날 교회가 초대 교회처럼 되지 못하는 이유

1. 오늘날 대부분 교인들에 대한 박해 (행 5:17-42)는 초대교회가 당했던 극심한 박해처럼 받지 않고 있으며 박해가 있을수록 초대교회 성도는 강하여지고 성령 충만하게 되어 헌신된 성도 (약 1:2-4:벧전 1:1-7)가 되는 반면 박해를 통해서 성도들은 알곡과 쭉정이가 가려내는 올바른 교회가 이루어지기 때문입니다.

2. 교회는 예수님의 죽음과 부활 후에 예수님의 보혈을 근거하여 (고전 3:11;엡 2:20-23)하나님의 구원의 약속에 대하여 믿음으로 반응하며 사도들의 가르침을 받아 서로 교제하고 떡을 떼며 기도하기를 힘썼습니다. (행 2:42)
3. 오늘날 교회는 저 높은 곳을 향해 하나님을 바라보고, 낮은 곳을 향해 외면하지 말아야 하며, 성도들과 함께 믿음의 공동체로 거듭나야 할 것입니다.
4. 하나님의 말씀을 전하는 설교자는 눈물로 설교를 준비하여야하며 강단에서 설교하기 전. 설교자가 먼저 은혜를 받고 그분께 나의 모든 것을 회개하는 심정으로 강단에서 권세와 능력으로 선포되어 져야 하며 그 말씀에 부딪히는 심령들이 죄악의 응어리가 깨어지고. 부서져서 완전히 성령으로 거듭난 성도들이 교회 안에 가득 채워지며 목사님과 함께 그리스도의 나라 확장에 합심하여 사명 감당하는 교회가 되어야 할 것입니다.

5. 이 땅에서 나라와 하나님의 나라가 연결 되려면 성도들의 삶이 어떻게 변화 되고 거듭나야 하는지? 성경공부를 통하여 가르침을 받고. 내적 행위와 외적 행위를 통하여 성도 개인의 믿음들이 어떻게 변하여 실천 하여야 하는지? 또한 교회의 직분과 연관된 (직업. 신분. 물질. 인상. 명성. 권세)것들과 분리하여 오직 하나님 나라에 소망을 두고 이 땅에서 성도들에 삶이 어떻게 해야 최선을 다하는 것인지? 교회는 노력 하여야 할 것입니다.

2. 예배(Worship)

예배는 하나님을 향한 진실한 마음으로 하나님의 거룩함으로 우리의 양심을 깨우는 것이며 인간의 응답을 표현하는 마음가짐과 행위를 말하고 우리의 마음을 살찌우며 하나님의 사랑으로 우리의 심령을 활짝 여는 것이고 우리 의지를 내려놓는 것.

하나님은 영이시니 예배 하는 자가 영과 진리로 예배할지니라. (요 4:24)

아버지께 참되게 예배하는 자들은 영과 진리로 예배 할 때가 오나니 곧 이때라 아버지께서는 자기에게 이렇게 예배하는 자들을 찾으시느니라.(요 4:23) 라고 말씀 하셨고 예배는 신령과 진정으로 영적 예배가 되어야 하며 예배를 통하여 주님과 만남이 이루어지는 것입니다.

1. 예배 시간

예배는 보는 것이 아니라 예배는 드리는 것. 예배를 연극 무대와 비유 한다면 예배드리는 성도들은 자신이 관객인줄 생각하고 가끔 예배를 보는 자라고 합니다.

그러나 예배를 드리는 모든 성도들은 배우이고 오직 한분이신 하나님만이 관객이라 생각하여야 할 것입니다. 그래서 예배를 드리는 자입니다.

그러면 성도는 배우라고 하였는데 연극 무대에서 배우는 정 한 시간 보다 미리 와서 준비를 해야 하는 것처럼 예배를 드리는 성도들은 예배시간 전에 참석하여 기도로 마음에 준비를 하여야 할 것입니다.

2. 예배의 중요성

1.예배는 하나님의 계명이기 때문 입니다. (출 20:3-6)

2.예배는 하나님을 기쁘시게 해 드리기 때문 입니다. (롬 12:1)

3.예배는 우리의 영, 혼. 육을 온전히 보존 하도록 이끌어주시기 때문입니다. (살 전 5:23;시 16:8-9)

4.예배는 무엇 보다 더 하나님께서 예배드리는 자를 찾으시기 때문 입니다. (요 4:23)

3. 올바른 예배

1. 가인에 제사를 받지 않으셨습니다. (창 4:3-8)

2. 하나님을 진심으로 경외치 않으시면 드리는 제물은 받지 않으셨습니다. (말 1:8-9)

3. 하나님은 눈멀고. 절뚝거리고 병든 가축에 제물을 받지 않으셨습니다. (말 1:13)

4. 말씀 없는 예배는 있을 수 없습니다. (출 19:10-12)

3. 봉사(Service)

다른 사람을 위해 수고하며 섬기는 것을 말 합니다.

예수님은 봉사(섬김)의 본을 보여 주신 분이며 (마 20:28) 교회의 직분(장로, 권사, 집사)은 봉사의 일을 위해 세워진 것입니다.

(엡 4:12)

성경에는 야곱이 아내를 얻기 위해 라반에게 14년 동안 일하고 양떼를 돌보는 일에 6년 동안 봉사를 하였습니다.

(창 29:18; 31:41)

하나님께 봉사하는 구체적인 표현은 예배이며 (빌 3:3)

성도들에 봉사하는 구체적인 표현은 구제로 나타납니다. (고후 9:12)
성경에는 봉사하려면 하나님이 공급하시는 힘으로 하는 것같이 하라.

(벧전 4:11)

봉사는 손과 발이 먼저 하는 것이 아니라 우리의 마음이 먼저 있어야 봉사할 수 있는 것입니다.

4. 헌신(Willing offer)

어떤 일이나 남을 위해 자기의 이해관계를 돌보지 아니하고 몸과 마음을 다하여 힘쓰는 것을 의미 합니다.

성경에는 하나님의 백성들이 하나님을 위해 자기를 희생하며 하나님을 섬기는 것을 의미합니다.

내 마음이 이스라엘의 방백을 사모함은 그들이 백성 중에서 즐거이 헌신 하였음이니 여호와를 찬송하라. (삿 5:9; 출 32:29; 시 110:3)

한 여인이 삼백 데나리온 향유 담은 옥합을 가지고 와서 눈물로 예수님의 그 발을 적시고 자기 머리털로 닦고 그 발에 입 맞추고 향유를 부은 헌신적인 사건이 성경에 기록 되고 있습니다. (눅 7:36-50;요 12:3-5)

"하나님께 헌신하는 사람들은 소유 하고픈 욕구에 얽매이지 않습니다, 자신이 채워짐이 아니라 비워짐이 예리하게 느끼는 마음"(비움, 무소유)

속이 가득 찼다고 소리를 내는 것은 아닙니다, 악기는 비어 있기 때문에 울리는 것입니다, 사람도 마찬가지, 불필요한 것들을 비워야 자기 소리가 나는 것처럼, 비움이 있어야 채움이 있고, 비워야 비로써 내 면속에 있는 자기 소리를 낼 수가 있는 것입니다.

헌신은 물질이 아닌 기쁨과 만족을 주는 비물질적인 것들을 추구 합니다,

헌신은 맡아서 관리하는 청지기 사명처럼 사명이 있어야 하며 자기 소유의 집착 하지 않고 내가 관리하며 누리는 것을 추구 하여야 합니다.
예.) 공기, 산. 바다, 모든 자연 (자기 소유가 아니면서 누릴 수 있는 것)

03

기도(Prayer)

나의 원대로 마시옵고 아버지의 원대로 하옵소서 (막 14: 36)

1. 기도(Prayer)

기도는 하나님과 성도간의 교제, 대화를 말합니다.

성도는 하나님께 예수님의 이름으로 찬양과 경배(단 4:34; 시 119:164;150:2), 감사(빌 4:6; 살 전 5:18), 죄의 회개(사 6:5; 요일 1:9), 간구 (딤 전 2:1-3), 중보 (약 5:15)를 드리며 하나님은 성도의 아룀을 들으시고 말씀하시며 하나님의 뜻을 보여 주시고 성도의 간구에 응답 하십니다.

기도는 성도의 영적 호흡이며 하나님의 자녀들만이 가지는 특권입니다.

세상에서 가장 어려운 일은 사람이 사람의 마음을 얻는 일.
각자의 얼굴만큼 다양한 각양각색 마음에서 순간순간 에도 수만 가지의 생각이 바뀌고 떠오르며 바람 같은 내 마음을 고정시켜 머물게 하는 것도 큰 어려움일 터인데. 하물며 진정한 마음으로 하나님과의 대화를 한다는 것이 그 얼마나 더 어려운 것일까 ?

기도는 무엇을 얻기 위하여 기도하는 것이 아니라. 하나님께 무엇을 드리기 위해 기도하여야 합니다. 예수님은 겟세마네 동산에서 베드로와 야고보. 요한 셋 제자들 데리고 기도 하실 때에 "나의 원대로 마옵시고 아버지의 원대로 하옵소서" (막 4:36)

기도는 하나님에 대한 응답이지 우리 자신이 주도해서는 안 되며 하나님을 부르시고 우리는 응답하여야 합니다. 그러나 내가 부르고 내가 응답하는 어리석은 기도는 하지 말아야 할 것입니다.

기도는 하나님을 향한 나의 태도보다는 나를 향한 하나님의 태도에 중심을 두는 기도가 되어야 합니다.

참된 기도는 삶으로 부터의 도피가 아니라 지금까지 경험한 적이 없는 삶의 영역으로 들어가는 것입니다.

솔로몬이 여호와의 전과 왕궁 건축을 마치고 여호와께서 솔로몬에게 나타나사 내 이름으로 일컫는 내 백성이 그들의 악한 길에서 떠나 스스로 낮추고 기도하여 내 얼굴을 찾으면 내가 하늘에서 듣고 그들의 죄를 사하고 그들의 땅을 고칠 지라 이제 이곳에서 하는 기도에 내가 눈을 들고 귀를 기울이리니.
(대하 7: 14-15; 왕상 9:1-9)

2. 기도의 필요성

성경에 나오는 믿음의 조상들은 기도를 통해 하나님과 교제하고 하나님의 일을 하셨습니다,

예수님이 친히 기도하셨고
(마 26:36; 막1:35; 6:46; 눅3:21; 6:12; 9:18)
기도를 가르쳐 주셨습니다. (마 6:9-13; 눅 11:1-14)

예수님의 제자들과 초대교회 성도들은 기도의 본을 보였으며
(행1:14; 2:42)

바울과 베드로는 기도에 대한 권면을 하였습니다.
(살전5:17; 빌 4:6; 벧전 4:7)
성도를 향한 예수님의 명령이기 때문입니다
(마7:7-8; 26:41;눅 22:40;행 1:14)

신앙의 성장을 위해 중요시 하였고 (딤전 4:5)

성령 충만함과 능력을 얻기 위하여 기도가 필요했습니다. (행 1:14; 8:15)
복음 전도를 위해 기도할 필요가 있었으며 (롬15:30; 엡6:19)

마지막 날을 대비하기 위해 기도가 필요 했습니다. (눅 21:34-36)

1.성경에 나타난 기도 시간

새벽 (막 1:35), 아침 (시 5:3; 88:13; 143:8; 사 33:2),
정오 (마 20:5; 행10:9), 오후 (행 3:1), 저녁 (마 14:23; 시 55:17),
밤 (사 26:9), 하루 세 번 (단 6:10; 시55:17), 밤이 새도록 (눅 6:12),

밤낮 (시 88:1; 딤후 1:3), 쉬지 않고 (살전 5:17),
항상 (골 4:2), 무시로 (엡 6:18)

2.성경에 나타난 기도 장소

성전 (왕상 8:22-54; 사:56:7; 행2:42-46; 3:1), 성소 (삼상 1:9-10)
산꼭대기 (출 17:9-10), 굴속 (시57편 : 142편)
감옥 (행 16:24-25; 렘 32:2), 골방 (마 6:6), 지붕 위 (행 10-9),
배 위 (행 27:35-37), 바닷가 (행 21:5), 땅 위 (삼하12;15-16)

3.성경에 나타난 기도 모습

* 무릎을 꿇고 기도

예수님, 솔로몬, 엘리야, 에스라, 다니엘, 스데반, 베드로, 바울의 기도하는 모습을 볼 수 가 있습니다.

왕상 8:54; 대하 6:13; 왕상18:42; 스 9:5; 단 6:10; 눅 22:41; 행 7:60; 행 9:40; 엡 3:15

* 서서 기도 삼상 1:26; 대하 20:9; 막 11:25; 눅 18:11; 18:13

* 손을 들고 기도

출 17:11; 왕상 8:22; 8:38; 8:54; 시 28:2; 63:4; 88:9; 딤전 2:8

* 땅에 엎드려 기도 창 24:52; 왕상 18:42; 마 26:39; 막 14:35

* 가슴을 치며 기도 (눅 18:13)

* 하늘을 우러러 보며 기도 (요 11:41)

4. 기도 응답에 대한 하나님 약속의 말씀

그러나 네가 거기서 네 하나님 여호와를 찾게 되리니 만일 마음을 다하고 뜻을 다하여 그를 찾으면 만나리라. (신 4:29)

내 아들 솔로몬아 너는 네 아버지의 하나님을 알고 온전한 마음과 기쁜 뜻으로 섬길 지어다 여호와께서는 모든 마음을 감찰하사 모든 의도를 아시나니 네가 만일 그를 찾으면 만날 것이요 만일 네가 그를 버리면 그가 너를 영원히 버리시리라. (대상 28:9)

그는 하나님께 기도하므로 하나님의 은혜를 베푸사 그로 말미암아 기뻐 외치며 하나님의 얼굴을 보게 하시고 사람에게 그의 공의를 회복시키시느니라. (욥 33:26)

마음의 경영은 사람에게 있어도 말의 응답은 여호와께로부터 나오느니라. (잠 16: 1)

진실로 다시 너희에게 이르노니 너희중의 두 사람이 땅에서 합심하여 무엇이든지 구하면 하늘에 계신 내 아버지께서 그들을 위하여 이루게 하시리라 두 세 사람이 내 이름으로 모인 곳에는 나도 그들 중에 있느니라. (마18:19-20)

아무것도 염려하지 말고 다만 모든 일에 기도와 간구로, 너희 구할 것을 감사함으로 하나님께 아뢰라. 그리하면 모든 지각에 뛰어난 하나님의 평강이 그리스도 예수 안에서 너희 마음과 생각을 지키시리라. (빌 4:6-7)

그러므로 내가 너희에게 말하노니 무엇이든지 기도하고 구하는 것은 받은 줄로 믿으라 그리하면 너희에게 그대로 되리라. (막 11:24)

5. 기도하고 응답 받은 역사

야 곱

압복 강에서 환도 뼈가 부러지도록 하나님의 천사를 붙잡고 부르짖어 기도하다가 이스라엘 이라는 축복을 받았습니다.

히스기왕

하나님께 기도의 손을 높이 들어 대적을 물리 쳤으며,사형 선고를 받았 으나 벽을 향하여 손을 들고 회개 하며 부르짖어 기도 하여 십 오년의 생명을 연장 받았습니다.

한 나

자식을 낳지 못하였으나 성전에서 여호와 하나님 앞에 오래 기도 하므로 사무엘을 비롯한 세 아들과 두 딸을 더 낳는 축복의 삶을 살았습니다.

에스더

연약한 여자로서 삼일 주야를 금식 기도함으로 민족을 구원하고 이스라엘을 멸살시키려던 하만을 나무에 달아 죽게 하였습니다.

엘리야

하나님께 간절히 기도함으로 삼년 육 개월 동안 가문 땅에 단비를 내리게 하셨습니다.

모 세

하나님께 기도하므로 애굽에 열 가지 재앙을 내리게 하여 바로로 하여금 이스라엘을 해방 시킬 수밖에 없었으며. 홍해 바다를 가르고 이스라엘을 구원하였고. 반석에서 물이 솟아 나오게 하였으며. 만나와 메추라기로 이스라엘을 먹였습니다.

여호수아

여리고 성을 새벽마다 한 번씩 그리고 마지막 날에 열번 돌고 외칠 때 여리고 성이 무너졌음을 알 수가 있습니다.

*내가 주께 대하여 귀로 듣기만 하였사오나
이제는 눈으로 주를 뵈옵나이다. (욥 42:5)

6. 왜 기도해도 응답이 없는가?

여호와의 손이 짧아 구원하지 못하심도 아니요
귀가 둔하여 듣지 못하심도 아니라
오직 너희 죄악이 너희와 너희 하나님 사이를 갈라놓았고
너희 죄가 그의 얼굴을 가리어서 너희에게서 듣지
않으시게 함이니라. (사 59:1-2)

1. 회개하지 않고 죄악을 품고 기도하기 때문입니다. 내가 나의 마음에 죄악을 품었더라면 주께서 듣지 아니하시리라. (시66:18)

   마음에서 나오는 악한 생각들 (도적질, 살인, 음란, 탐욕, 교만, 시기, 질투, 분쟁, 비방, 악독, 우상숭배, 술 취함, 방탕 ,투기, 원수맺음)
   (막 7:21-23; 롬 1:29-31; 갈 5:19-21)
2. 무의식 속에 항시 내 마음이 이미 지배되어 있는 것이 있습니다. 지배되고 있는 그 마음을 바꾸고 변하지 않고 있기 때문 입니다.(회개, 말씀, 기도, 성령으로 거듭나야 합니다.)

1) 죄의 지배를 받는 옛 본성이 있기 때문입니다. (엡 4:22;골 3:9)

2) 내가 원하는바 선은 행하지 아니하고 도리어 원하지 아니 하는 바 악을 행하는 도다. (롬 7:19)

3) 내가 행하는 것을 내가 알지 못하노니 곧 내가 원하는 것은 행하지 아니하고 도리어 미워하는 것을 행함이라. (롬 7:15)

4) 선을 행하기 원하는 나에게 악이 함께 있는 것이로다. 내 속사람 으로는 하나님의 법을 즐거워하되 내 지체 속에서 한 다른 법이 내 마음의 법과 싸워 내 지체 속에 있는 죄의 법으로 나를 사로잡는 것을 보는 도다. (롬 7:21-23)

5) 예루살렘아 네 마음의 악을 씻어 버리라 그리하면 구원을 얻으리라. 네 악한 생각이 네 속에 얼마나 오래 머물겠느냐. (렘 4:14)

6) 한 입에서 찬송과 저주가 나오는 도다 내 형제들아 이것이 마땅하지 아니하니라. (약 3:10)

7) 샘이 한 구멍으로 어찌 단물과 쓴물을 내겠느냐. (약 3:11)

8) 사람의 마음은 어떤 것보다도 믿을 수가 없습니다.
만물보다 거짓되고 심히 부패한 것은 마음이라 누가 능히 이를 알리요마는. (렘 17:9)

9) 정욕으로 구하는 기도는 응답 받을 수 없습니다.
구하여도 받지 못함은 정욕으로 쓰려고 잘못 구하기 때문이요. (약 4:3)

3. 내 뜻과 하나님의 뜻이 다를 때에 기도 응답이 없습니다.

4. 응답 받을 때가 아니기에 하나님께서 응답 할 때까지 기다려야 할 때가 있습니다.

04

믿음(Faith)

"믿음은 성령의 도움으로 내가 변화 되어 마음의 눈으로 하나님을 보는 것"

믿음은 바라는 것들의 실상이요 보이지 않는 것들의 증거니. (히 11:1)

1. 믿 음(Faith)

그리스도인의 신앙 속에는 믿음과 행함이 반드시 균형지게 이루어 져야 할 것입니다. 그리스도를 믿는 믿음을 통하여 나타나는 선한 행위와 그 분의 말씀에 대한 순종은 우리의 성품과 생애를 완전하게 변화 시킬 것 입니다.

믿음은 들음에서 나며 들음은 그리스도의 말씀으로 말미암았느니라.
(롬 10:17)

그리스도의 말씀을 듣지 아니하면 믿음을 받을 수가 없습니다. 믿음은 필연적으로 하나님과의 관계에 대한 지식에 기초이며 예수그리스도의 말씀이 곧 하나님의 말씀인 것입니다.

로마서 10:14절 말씀에서도 듣지 아니하는 이를 어찌 부르리요? 듣지도 못한 이를 어찌 믿으리요? 하고 사도바울은 기록하고 있습니다.

믿음을 듣고 앎으로써, 곧 지식으로써 시작 되지만 믿음이 없으면 영적인 일을 분별할 수도 깨달을 수도 없으며, (고전 2:13)

너희가 더욱 힘써 믿음에 덕을, 덕에 지식을 더하라는 말씀 (벧후 1:5)
이나 믿음이 있어야 하나님의 천지 청조를 알 수 있다는 말씀 (히 11:3)
은 분명히 믿음으로 참된 지식에 이르게 된다는 증거입니다.

이와 같이 믿음은 지식과 관계를 갖고 있어 알아야 믿을 수 있지만 또한 믿어야 알 수가 있는 것이며, 영적 지식을 얻기 위해서는 믿음이 있어야 하고 또한 믿음의 분량만큼 알 수가 있는 것입니다.

우리의 믿음은 성경의 원칙과 진리위에 세워져야 합니다. 사도바울은

내가 전에는 비방자요 박해자요 폭행자였으나
도리어 긍휼을 입은 것은 내가 믿지 아니할 때에
알지 못하고 행하였음이라. (딤 전 1:13)

믿음이 진리 밖에 있을 때에는 알지 못하고 행하게 되었으나 믿음이 진리 위에 세우게 되었을 때 그때서야 예수그리스도를 박해하는 핍박자에서 그 분의 말씀을 전하는 전도자로 변했던 것입니다.

예수께서 이르시되 내가 곧 길 이요 진리요 생명이니
나로 말미암지 않고는 아버지께로 올 자가 없느니라. (요 14:6)

2. 믿음과 행위

1. 믿음

(로마서)와 (갈라디아서)에서

사도바울은 예수를 모르는 이방인에게 그리스도를 전하는 전도자의 입장에서 당연히 믿음을 강조 했습니다.

사도바울은 율법의 행위로써가 아니고 그리스도를 믿음으로써 의롭다함을 얻으려 함이라, 율법의 행위로써는 의롭다함을 얻을 육체가 없느니라. (갈 2:16)

아브라함이 독자 이삭을 바칠 때 바랄 수 없는 중에 바라고 믿었으니 이는 네 후손이 이 같으리라 하신 말씀대로 많은 민족의 조상이 되게 하려 하심이라. (롬 4:18)

하나님이 능히 이삭을 죽은 자 가운데서 다시 살리실 줄로 생각한지라 비유컨대 그를 죽은 자 가운데서 도로 받은 것 이니라. (히 11:19)

믿음은 바라는 것들의 실상이요 보이지 않는 것들의 증거니. (히 11:1)

믿음으로 아벨은 가인보다 더 나은 제사를 하나님께 드림으로 의로운 자라 하시는 증거를 얻었으니 하나님이 그 예물에 대하여 증언하심 이라 그가 죽었으나 그 믿음으로써 지금도 말하느니라. (히 11:4)

믿음으로 아브라함은 부르심을 받았을 때에 순종하여 장래의 유업으로 받을 땅에 나아갈 새 갈 바를 알지 못하고 나아갔으며. (히 11:8)

믿음이 없이는 하나님을 기쁘시게 하지 못하나니 하나님께 나아가는 자는

반드시 그에게 상 주 시는 이심을 믿어야 할지니라. (히 11:6)

믿음으로 그들을 홍해를 육지같이 건넜으나 애굽 사람들은 이것을 시험하다가 빠져 죽었으며. (히 11:29)

믿음으로 칠 일 동안 여리고를 도니 성이 무너졌으며. (히 11:30)

2. 믿음의 종류

1. 죽은 믿음

너희는 말씀을 행하는 자가 되고 듣기만 하여 자신을 속이는 자가 되지 말라 누구든지 말씀을 듣고 행하지 아니하면 그는 거울로 자기의 생긴 얼굴을 보는 사람과 같아서 제 자신을 보고 가서 그 모습이 어떠 했는지를 곧 잊어버리거니와. (약 1:22-24)

영혼 없는 몸이 죽은 것 같이 행함이 없는 믿음은 죽은 것이니라. (약 2:26)

하나님의 말씀을 읽고 듣고는 뒤 돌아서면 잊어버리는 자의 믿음은 아무런 열매도 없는 죽은 믿음이라 할 것입니다.

2. 헛된 믿음

그리스도께서 만일 다시 살아나지 못하셨으면 우리가 전파하는 것도 헛것이요 또 너희 믿음도 헛것이며. (고전 15:14)

3. 죽는 믿음

처음에는 열심히 있고 믿음의 드러남도 있으며 성령의 은사도 체험 한것 같으나 핍박이나 세상 염려로 인하여 시들어 버리는 믿음.

한번 빛을 받고 하늘의 은사를 맛보고 성령에 참여 한 바 되고 하나님의 선한 말씀과 내세의 능력을 맛보고도 타락한 자들은 다시 새롭게 하여 회개 할 수 없나니 이는 그들이 하나님의 아들을 다시 십자가에 못 박아 드러내 놓고 욕 되게 함이라. (히 6:4-6)

믿음과 착한 양심을 가지라 어떤 이들은 이 양심을 버렸고 그 믿음에 관하여는 파선하였느니라. (딤전 1:19)

4.구원에 이르는 믿음

하나님께서 은혜로 말미암아 선물로 주신 소중한 믿음이 바로 구원에 이르는 믿음이요 하나님의 은사와 부르심에는 후회하심이 없느니라. (롬 11:29)

3. 행 위

(마태복음)과 (야고보서)에서

이미 예수를 영접한 교인들을 지도하기 위한 목회자 입장에서 기록했기 때문에 믿음 보다는 행함을 강조 하였습니다.

나더러 주여 주여 하는 자마다 다 천국에 들어갈 것이 아니요 다만 하늘에 계신 내 아버지의 뜻대로 행하는 자라야 들어가리라.

(마 7:21)

거룩한 주일날 교회에 나가 하나님 말씀을 듣고 그 말씀이 은혜가 되어 아멘 하면 자신에게 믿음이 있다고 생각하십니까?

사도 바울은 지적 하고 있습니다.

하나님 앞에서는 율법을 듣는 자가 의인이 아니요 오직 율법을 행하는 자라야 의롭다 하심을 얻으리니. (롬 2:13)

듣고 행하지 아니하는 자는 주추 없이 흙 위에 집 지은 사람과 같으니 탁류

가 부딪치매 집이 곧 무너져 파괴됨이 심하니라 하시니라. (눅 6:49)

너희는 나를 불러 주여 주여 하면서도 어찌하여 내가 말하는 것을 행하지 아니하느니라. (눅 6:46)

오늘날 우리들의 믿음의 삶이 어제는 그토록 참된 믿음으로 살아야 하겠다고 다짐 했던 그 마음이 물거품처럼 사라져 가는 것을 체험 한 적이 있었을 줄 압니다, 회개하여 새롭게 행함으로 실천하며 우리의 믿음이 참된 그리스도인으로 변하게 될 것입니다,

영혼 없는 몸이 죽은 것 같이 행함이 없는 믿음은 죽은 것이니라. (약 2:26)

믿음이 없는 행함은 죽은 것처럼 행함이 없는 믿음도 죽은 것입니다.

1. 내적 행위 (속 사람)

그리스도 안에서 (하나님의 영과 생명이 거하는 곳) 거듭난 사람의 내면을 말하며 새 사람과 같은 의미인 것입니다.

너희는 유혹의 욕심을 따라 썩어져 가는 구습을 따르는 옛 사람을 벗어 거룩함으로 지으심을 받은 새 사람을 입으라. (엡 4:22-24)

하나님께로부터 난 자마다 죄를 짓지 아니하나니 이는 하나님의 씨가 그의 속에 거함이요 그도 범죄 하지 못하는 것은 하나님께로부터 났음이라. (요일 3:9)

사도 바울은 속사람은 하나님의 법을 즐거워하며 죄와 대립하며 성령의 능력으로 날로 새로워진다고 하였습니다.

내 속사람으로는 하나님의 법을 즐거워하되. (롬 7:22)

그의 영광의 풍성함을 따라 그의 성령으로 말미암아 너희 속사람을 능력으

로 강건하게 하시 오며. (엡 3:16)

그러므로 우리가 낙심하지 아니하노니 우리의 겉 사람은 낡아지나 우리의 속사람은 날로 새로워지도다. (고후 4:16)

보이는 것은 잠깐이요 보이지 않는 것은 영원함이라. (고후4:18)

사도 바울이 말한 속사람은 베드로는 숨은 사람이라고 표현 하였으며 숨은 사람. 곧 속마음을 온유하고 안정된 마음으로 단장하라고 권면하고 있습니다. (벧전 3:4)

하나님께서는 우리의 속사람이 겉 사람을 뚫고 나와서 하나님의 사역과 우리들의 삶이 변하고 거듭나기를 원하시나 우리의 겉 사람은 속사람이 나오지 못하도록 만세반석이 되어서 버티고 있습니다.

내 속사람으로는 하나님의 법을 즐거워하되 내 지체 속에서 한 다른 법이 내 마음이 법과 싸워 내 지체 속에 있는 죄의 법으로 나를 사로잡는 것을 보는도다. (롬 7:22-23)

2. 외적 행위 (겉 사람)

눈 먼 바리새인이여 너는 먼저 안을 깨끗이 하라. 그리하면 겉도 깨끗하리라. 화 있을 진저 외식하는 서기관들과 바리새인들이여 회칠한 무덤 같으니 겉으로는 아름답게 보이나 그 안에는 죽은 사람의 뼈와 모든 더러운 것이 가득하도다. 이와 같이 너희도 겉으로는 사람에게 옳게 보이되 안으로는 외식과 불법이 가득하도다. (마 23:26-28)

내가 네 행위를 아노니 네가 살았다 하는 이름은 가졌으나 죽은 자로다. (계 3:1)

3. 믿음에 열매

못된 열매 맺는 좋은 나무가 없고 또 좋은 열매 맺는 못된 나무가 없느니라. (눅 6:43)

나무는 각각 그 열매로 아나니 가시나무에서 무화과를, 또는 찔레에서 포도를 따지 못하느니라. (눅 6:44)

너희가 열매를 많이 맺으면 네 아버지께서 영광을 받으실 것이요. 너희는 내 제자가 되리라. (요 15:8)

그들의 열매로 그들을 알지니 가시나무에서 포도를, 또는 엉겅퀴에서 무화과를 따겠느냐. (마 7:16)

이와 같이 좋은 나무 마다 아름다운 열매를 맺고 못된 나무가 나쁜 열매를 맺나니. (마 7:17)

좋은 나무가 나쁜 열매를 맺을 수 없고 못된 나무가 아름다운 열매를 맺을 수 없느니라. (마 7:18)

아름다운 열매를 맺지 아니하는 나무마다 찍혀 불에 던져지느니라. (마 7:19)

이러므로 그들의 열매로 그들을 알리라. (마 7:20)

사람의 행위의 결과는 곧 그 사람의 인격의 본질, 인격 됨됨이의 표현이며 주님과 같이 거룩하고 의롭고 사랑이 풍성한 마음과 생각을 지니고 그와 같은 인격으로 신앙생활을 할 때 성도로써 합당한 믿음의 열매를 맺을 수가 있습니다.

1. 하나님은 열매를 나타내기 위하여 순종과 인내와 철저하게 시험,환난, 핍박을 통하여 겪게 하십니다.

아브라함은 25년 동안 고난을 통하여 / 야곱은 20년 동안 머슴살이 / 요셉은 13년 동안 감옥 생활을 통하여 / 모세는 40년 동안 미디안광야에서 철저히 깨어 졌음을 성경에서 알 수가 있습니다.

믿음 생활하는 성도들은 우리의 생각을 의지하지 않고 하나님 말씀을 의지하며 인내하고 행동하는 법을 배워야 할 것입니다.

애굽에서 나와 약속된 땅 가나안으로 들어가려면 여러 해 동안 사막을 지나는 어려움과 고난이 있었을 것입니다.

내가 오늘 명하는 모든 명령은 너희는 지켜 행하라 그리하면 너희가 살고 번성하고 여호와께서 너희의 조상들에게 맹세하신 땅에 들어가서 그것을 차지하리라. (신 8:1)
네 하나님 여호와께서 이 사십 년 동안에 네게 광야 길을 걷게 하신 것을 기억하라. 이는 너를 낮추시며 너를 시험하사 네 마음이 어떠한지 그 명령을 지키는지 지키지 않는지 알려 하심이라. (신 8:2)

2. 우리의 삶속에 어려움과 고난이 있을 때 붙잡아야할 말씀이 있는가?

나의 괴로움을 달아 보며 나의 파멸을 저울 위에 모두 놓을 수 있다면 바다의 모래보다도 무거울 것이라. (욥 6:2-3)

여호와께서 욥의 곤경을 돌이킬 수 있는 것은 욥의 절대 신앙과 큰 시험에서 인내하는 모습을 성경은 기록 하고 있습니다.

내 가죽이 벗김을 당한 뒤에도 내가 육체 밖에서 하나님을 보리라. 내가 그를 보리니 내 눈으로 그를 보기를 낯선 사람처럼 하지 않을 것이라 내 마음이 초조하구나. (욥 19:26-27)

유리 창문을 통하여 바깥 풍경을 바라보려면, 유리창 자체만 집중 하면 볼 수가 없습니다, 유리 창문을 통해 밖을 보아야 아름다운 풍경을 바라 볼 수가 있는 것처럼 우리의 삶속에서 어떠한 고난과 역경이 있다 할지라도 환경과 앞만 바라보지 말고 주님을 바라보면, 아름다운 믿음의 열매를 얻게 될 것입니다.

오호라 나는 곤고한 사람이로다 이 사망의 몸에서 누가 나를 건져내랴. (롬 7:24)

내가 가는 길을 그가 아시나니 그가 나를 단련하신 후에는 내가 순금 같이 되어 나오리라. (욥 23:10)

05

회개(Repentance)

만일 우리가 우리 죄를 자백하면 그는 미쁘시고 의로 우사 우리 죄를 사하시며 우리를 모든 불의에서 깨끗하게 하실 것이요. (요일 1:9)

1. 회 개(Repentance)

* 하나님께로 부터 떠나 있던 사람이 되돌아오는 것.

* 잘못된 행동을 뉘우쳐 전 에 있었던 행동과 반대로 하여 올바른 삶을 사는것.
* 지나간 과거의 나를, 부정하고 새로운 나를 받아 드리는 것.
* 자기의 죄 된 본성이 죽고 예수님과 함께 다시 사는 것 (그리스도의 희생을 믿음으로 알게 될 때.)

너희는 돌이켜 회개하고 모든 죄에서 떠 날 지어다. 그리한즉 그것이 너희에게 죄악의 걸림돌이 되지 아니하리라. (겔 18:30)

예루살렘아 네 마음의 악을 씻어 버리라 그리하면 구원을 얻으리라 네 악한 생각이 네 속에 얼마나 오래 머물겠느냐. (렘 4:14)

진정한 회개란 잘못된 길을 가던 사람이 돌이켜 바른 길을 가는 것이며 즉, 예수님 없이 자기중심 적이고 이기적이며 죄악 된 인생을 살던 사람이 돌이 켜서 예수님을 믿는 삶 인 것입니다.
(그가 와서 죄에 대하여, 의에 대하여 심판에 대하여 세상을 책망 하시리라.) (요 16:8)

하나님께로부터 난 자마다 죄를 짓지 아니 하나니 이는 하나님의 씨가 그의 속에 거함이요 그도 범죄 하지 못하는 것은 하나님께로부터 났음이라.
(요일 3:9)

우리의 영혼 속에 아직도 죄악 된 본성(원죄)이 남아있고 여기에서 중생한 자에게는 영혼 속에 하나님의 뜻을 따르고 자 하는 마음과 죄악 된 본성 사이에 싸움이 시작 되는 것입니다.
이와 같이 예수님은 자신의 구주로 믿고 또 하나님의 사랑 가운데 구원의 확신을 지니고 살아 간다하더라도 죄의 유혹에 계속 자신을 굴복하여 범죄 하게 되는 생활이 청산 되지 않는 한 ,우리의 양심은 하나님 앞에서 부끄러움을 가질 수밖에 없는 것입니다.

1. 원죄

죄에 뿌리에 속한 아담의 범죄로부터 전 인류가 이어 받은 성품이며 믿음으로 좇아 가지 않는 것은 모든 것이 죄 이니라. (롬 14:23)

거듭난 자 속에서도 자기중심적인 사고와 행위를 통하여 결국 죄의 열매를 거둘 수밖에 없는 것입니다.

우리의 싸우는 무기는 육신에 속한 것이 아니요 오직 어떤 견고한 진도 무너뜨리는 하나님의 능력이라 모든 이론을 무너뜨리며. (고후 10:4)

하나님 아는 것을 대적하여 높아진 것을 다 무너뜨리고 모든 생각을 사로잡아 그리스도에게 복종 하게하니. (고후 10:5)

성령의 인도함에 따라 지성과 감정과 의지를 통해 하나님의 뜻이 날마다 우리를 통해 나타날 수 있도록 순간마다 모든 죄를 자백하여 자신을 온전히 주님께 헌신하며 성령의 인도하심대로 자신을 복종 시키는 삶을 살아갈 것을 주님 앞에 결단하고 다짐해야 할 것입니다.

만일 우리가 우리 죄를 자백하면 그는 미쁘시고 의로우사 우리 죄를 사하시며 우리를 모든 불의에서 깨끗하게 하실 것이요. (요일 1:9)

만일 우리가 범죄 하지 아니 하였다 하면 하나님을 거짓말하는 이로 만드는 것이니 또한 그의 말씀이 우리 속에 있지 아니하니라, (요일 1:10)

2. 유대인의 회개

그런즉 이스라엘 온 집은 확실히 알지니 너희가 십자가에 못 박은 이 예수를 하나님이 주와 그리스도가 되게 하셨느니라 하니라. (행 2:36)

그들이 이 말을 듣고 마음에 찔러 베드로와 다른 사도들에게 물어 이르되 형제들아 우리가 어찌 할꼬 하거늘. (행 2:37)

3. 다메섹 도상에서 바울의 회개

사울이 길을 가다가 다메섹에 가까이 이르더니 홀연히 하늘로부터 빛이 그를 둘러 비추는지라. 땅에 엎드러져 들으매 소리가 있어 이르시되 사울아 사울아 네가 어찌하여 나를 박해하느냐 하시거늘. 대답하되 주여 누구 시니이까? 이르시되 나는 네가 박해하는 예수라.

사울이 땅에서 일어나 눈을 떴으나 아무 것도 보지 못하고 사람의 손에 끌려 다메섹으로 들어가서. 사흘 동안 보지 못하고 먹지도 마시지도 아니하니라. (행 9:1-9)

4. 니느웨 백성의 회개

니느웨 사람들이 하나님께 범죄하고 회개치 않으므로 요나를 통하여 재앙을 내리려고 하였으나 니느웨 사람들이 금식을 선포하고 높고 낮은 자를 막론하고 굵은 베옷을 입고 하나님께 부르짖어 기도하여 잘못을 회개하므로 그 악한 길에서 돌이켜 떠난 것을 보시고 하나님이 뜻을 돌이키사 그들에게 재앙을 내리지 아니 한 것을 성경은 기록하고 있습니다. (욘 3:1-10)

5. 베드로의 회개

예수님께서 베드로에게 닭 울기 전에 네가 세 번 나를 부인하리라 하심이 생각나서 밖에 나가서 심히 통곡 하니라. (마 26:75)

6. 삭개오의 회개

주여 보시옵소서 내 소유의 절반을 가난한 자들에게 주겠사오며 만일 누구의 것을 속여 빼앗은 일이 있으면 네 갑절이나 갚겠나이다. (눅19:8)

7. 다윗의 회개

다윗은 우리아의 아내 밧세바와 동침하고 그의 남편 우리아를 죽게 한 범죄에 대하여 하나님께 죄를 고백하고 있습니다.

하나님이여 주의 인자를 따라 내게 은혜를 베푸시며 주의 많은 긍휼을 따라 내 죄악을 지워 주소서.

내가 죄악 중에서 출생하였음이여 어머니가 죄 중에서 나를 잉태하였나이다. 주의 얼굴을 내 죄에서 돌이키시고 내 모든 죄악을 지워 주소서.

(시 51:1-19)

2. 바리새인과 세리의 기도

1. 바리새인의 기도

바리새인은 서서 따로 기도하여 이르되 하나님이여 나는 다른 사람들 곧 토색, 불의 간음을 하는 자들과 같지 아니하고 이 세리와도 같지 아니함을 감사하나이다. 나는 이레에 두 번씩 금식하고 또 소득의 십일조를 드리나이다 하고.

(눅 18:11-12)

2. 세리의 기도

세리는 멀리 서서 감히 눈을 들어 하늘을 쳐다보지도 못하고 다만 가슴을 치며 이르되 하나님이여 불쌍히 여기소서 나는 죄인이로소이다 하였느니라. 내가 너희에게 이르노니 이에 저 바리새인이 아니고 이 사람이 의롭다 하심을 받고 그의 집으로 내려 갔느니라 무릇 자기를 높이는 자는 낮아지고 자기를 낮추는 자는 높아지리라 하시니라.

(눅 18:13-14)

* 무엇을 회개하며 회개의 진정한 의미는 무엇인가?

성령의 사역으로 하나님께서 회개하는 마음을 주십니다.

거역하는 자를 온유함으로 훈계할지니 혹 하나님이 그들에게 회개함을 주사 진리를 알게 하실까 하며.

(딤후 2:25)

하나님의 영이 나를 지으셨고 전능자의 기운이 나를 살리시느니라.

(욥 33:4)

하나님의 말씀은 살아 있고 활력이 있어 좌우에 날선 어떤 검 보다도 예리

하여 혼과 영과 및 관절과 골수를 찔러 쪼개기까지 하며 또 마음의 생각과 뜻을 판단하나니, (히 4:12)

* 육에 속 한자가 영에 속한자로 변화 되는 것.
* 세상의 것을 사랑한자가 하나님의 것을 사랑하는 자로 바뀌는 것.
* 어둠에서 신음한 자가 생명의 빛으로 찾아오는 자로 달라 지는것.
* 사망의 길로 가는 자가 생명의 길로 가는 자로 바뀌는 것.
* 사람에게서 난 사람이 하나님께로 서 난 자로 달라지는 것.
* 죽은 자가 산자로 달라지는 것.

* 회개. 성경 구절

마 3:2
회개하라 천국이 가까이 왔느니라 하였으니.

눅 5:32
내가 의인을 부르러 온 것이 아니요 죄인을 불러 회개시키러 왔노라.

눅 13:3
너희에게 이르노니 아니라 너희도 만일 회개하지 아니하면 다 이와 같이 망하니라.

눅 15:7
내가 너희에게 이르노니 이와 같이 죄인 한 사람이 회개하면 하늘에서는 회개 할 것 없는 의인 아흔아홉으로 말미암아 기뻐하는 것보다 더하리라.

눅 17:4
만일 하루에 일곱 번이라도 네게 죄를 짓고 일곱 번 네게 돌아와 내가 회개하노라 하거든 너는 용서하라 하시더라.

행 2:38

베드로가 이르되 너희가 회개하여 각각 예수그리스도의 이름으로 세례를 받고 죄사함을 받으라 그리하면 성령의 선물을 받으리니.

행 19:4

바울이 이르되 요한이 회개의 세례를 베풀며 백성에게 말하되 내 뒤에 오시는 이를 믿으라 하였으니 이는 곧 예수라 하거늘

벧후 3:8-9

사랑하는 자들아 주께는 하루가 천 년 같고 천 년이 하루 같다는 이 한 가지를 잊지 말라.

주의 약속은 어떤 이들이 더디다고 생각하는 것 같이 더딘 것이 아니라 오직 주께서는 너희를 대하여 오래 참으사 아무도 멸망하지 아니하고 다 회개하기에 이르기를 원하시느니라.

욘 3:10

하나님이 그들이 행한 것 곧 그 악한 길에서 돌이켜 떠난 것을 보시고 하나님의 뜻을 돌이키사 그들에게 내리리라고 말씀하신 재앙을 내리지아니 하시니라.

대하 7:14-15

내 이름으로 일 컫는 내 백성이 그들의 악 한 길에서 떠나 스스로 낮추고 기도하여 내 얼굴을 찾으면 내가 하늘에서 듣고 그들의 죄를 사하고 그들의 땅을 고칠지라.

이제 이곳에서 하는 기도에 내가 눈을 들고 귀를 기울이리니.

3. 회개의 중요성

세상 사람들도 자신이 잘못하면 뉘우치고 회개 합니다.

그러나 하나님을 믿고 의지하는 성도들에 회개와 세상 사람들에 회개와는 구분되어야 하고 달라야 할 것입니다. 그럼에도 불구하고 스스로 자신이 죄를 짓지 않는다고 고백 하면서 시간이 지나 알게 모르게 지은 죄에 대하여 또 다시 주님께 나아가 자신의 죄를 제거 해 달라고 회개하며 기도하는 것은 율법에 사로잡힌 바리새인이나 예수그리스도를 믿는 성도들에 죄의 고백과 조금도 다를 바가 없으라 생각 됩니다,

너희가 회개하고 돌이켜 너희 죄 없이 함을 받으라. 이같이 하면 새롭게 되는 날이 주 앞으로부터 이를 것이요. (행 3:19)

회개의 중요성은 알고 있지만 얼마나 상한 심령으로 주님께 매달리는지 스스로 반성하며 우리의 영과 혼과 생각이 바뀌어 거듭나야 할 것입니다.

1) 말씀으로 늘 묵상하여야 합니다. 말씀을 안다는 것은 진리를 안다는 것이며 진리를 알 때 죄의 유혹에서 자유케 되게 합니다.

2) 하나님의 진리 안에서 거 할 때 성령님과 동행하여 그리스도의 보혈의 능력으로 거듭나고 죄를 미워하게 되며 모든 죄악에서 떠나가게 될 것입니다.

1. 육적 회개, 영적 회개

육적으로 생각하고 행하는 자는 육적인 자가 되고. 영적으로 생각하고 행하는 자는 영적인 자가 됩니다.

육적 회개

자백하고 회개 하는 것은 죄가 남아 있을 수가 있습니다.

남의 마음을 아프게 하는 것을 나 자신은 모를 수가 있습니다.

그래서 자백하는 회개는 아무리 깨끗하게 지워 버린다고 해도 깨끗하게 지워 질수가 없습니다.

영적 회개

영적 회개가 이루어지려면 성령이 임하면서 온전히 회개 하도록 성령이 나를 인도 하실 것입니다. 그리고 성령과 하나가된 새로운 나로써 새롭게 태어나게 하며 성령의 능력을 갖게 되어 회개의 열매를 맺게 됩니다.

유대인과 이방인들을 막론하고 하나님의 생명에 이르는 길은 오직 회개 뿐이나 죄를 버리고 죄에서 떠나 돌이킬 때 하나님께 대한 회개만이 생명력 있는 진실 된 영적 회개 (생명 얻는 회개)인 것입니다 . (행 11:18)

만일 우리가 우리 죄를 자백하면 그는 미쁘시고 의로우사 우리 죄를 사하시며 우리를 모든 불의에서 깨끗하게 하실 것이요.

만일 우리가 범죄 하지 아니 하였다 하면 하나님을 거짓말하는 이로 만드는 것이니 또한 그의 말씀이 우리 속에 있지 아니하리라. (요일 1:9-10)

06

그리스도인(Christian)

누구든지 그리스도의 영이 없으면 그리스도의 사람이 아니다. (롬 8:9)

1.그리스도인 (Christian)

그리스도인이란?
예수 그리스도를 구주로 믿고 섬기는 사람을 이르는 말입니다.

안디옥에서 바울과 바나바가 일 년 동안 하나님의 말씀을 가르쳤을 때 사람들이 제자들을 보고 그리스도인 이라고 부른데서 유래가 되었습니다. (행 11:26)

1. 그러면 그리스도인은 어떻게 성장 하게 되나요?

성경 말씀에는 베드로의 설교를 듣고 그리스도인이 된 사람들이 제일 먼저 사도의 가르침을 받았다고 성경은 기록하고 있습니다.

그들이 사도의 가르침을 받아 서로 교제하고 떡을 떼며 오로지 기도 하기를 힘 쓰니라. (행 2:42)

1. 사도들의 가르침을 받아

하나님의 말씀을 가르침 받을 때에 지식으로 받아 들여서는 아무 소용이 없습니다. 왜냐하면 성경 지식으로 아는 것과 내 속에서 이루어 지는 것은 하늘과 땅 처 럼 엄청난 차이가 있기 때문입니다.

성경에서 이해는 내가 나 된 만큼 이해가 됩니다, 성경 지식으로는 알고 있지만 실재가 되지 못하다가 깨달은 후 하나님 말씀이 이해가 되어 은혜를 체험하는 경우가 너무나 많이 있었음을 경험을 통하여 알 수가 있습니다.

예수님의 제자들도 삼년 육 개월 동안 예수님과 함께 동고동락 하면서도 어떠한 말씀인지 이해를 못하다가 십자가 사건 이후 성령의 재조명으로 이해가 되었음을 알 수가 있습니다.

아는 것 보다 되 어 지도록 행 하여야 하며 아는 것과 내가 변화는 것은 엄청난 차이가 있는 것입니다.

그리스인들의 믿음이, 삶을 통하여 외부로 표현되지 않는다면 구멍 난 복음, (저자) 레 녹스 는 구멍 난 믿음이라고 말하고 있습니다. 그리스도인들이 하나님의 말씀을 많이 듣고 알고 있는 것은 성경의 지식 일뿐 외부로 표현되지 않는다면 헛된 믿음이라 할 것입니다.

2. 서로 교제하고,

믿는 사람이 다 함께 있어 모든 물건을 서로 통용하고. 또 재산과 소유를 팔아 각 사람의 필요를 따라 나눠 주며. 날마다 마음을 같이하여 성전에 모이기를 힘쓰고. (행 2:44-45)

3. 집에서 떡을 떼며 기쁨과 순전한 마음으로 음식을 먹고. (행 2:46)

4. 기도하기를

(나의 원대로 마옵시고 아버지의 원대로 하옵소서) (막 14:36)

2.한 사람이 그리스도인 되기까지 과정

1. 복음의 진리를 듣는 과정

자신이 죄인 됨과 하나님의 사랑 그리고 은혜를 알 수가 있습니다. 내 백성이여, 내 율법을 들으며 내 입의 말에 귀를 기울일지어다. (시 78:1)

그 안에서 너희도 진리의 말씀 곧 너희의 구원의 복음을 듣고 그 안에서 또한 믿어 약속의 성령으로 인치심을 받았으니. (엡 1:13)

그들이 내게 반역하여 내 말을 즐겨 듣지 아니하고 그들의 눈을 끄는 바 가증한 것을 각각 버리지 아니하며 애 굽의 우상들을 떠나지 아니하므로 내가 말하기를 내가 애 굽 땅에서 그들에게 나의 분노를 쏟으며 그들에게 진노를 이루리라 하였노라. (겔 20:8)

2. 전파된 말씀을 마음으로 믿는 과정

심령을 두드리어 하나님을 향한 신앙을 창출 하여야 합니다.

우리도 복음 전함을 받은 자이나 들은 바 그 말씀이 그들에게 유익하지 못한 것은 듣는 자가 믿음과 결부시키지 아니함이라. (히 4:2)

3. 들려지고 믿어진 그 진리를 결정적으로 확신하게 하시는 성령에 인침의 과정이 있어야 하겠습니다.

전적으로 성령에 감동으로 확신하여 이루어져야 합니다.그의 증언을 받는 자는 하나님이 참되시다는 것을 인 쳤느니라. (요 3:33)

내가 인침을 받은 자의 수를 들으니 이스라엘 자손의 각 지파 중에서 인침을 받은 자들이 십사만 사천이니. (계 7:4)

너희 믿음이 사람의 지혜에 있지 아니하고 다만 하나님의 능력에 있게 하려 하였노라. (고전 2:5)

사도 바울은 그리스인으로 살아가는 능력은 우리에게 있는 것이 아니라 내게 능력 주시는 자 안에서 있다고 말씀하고 있습니다.

나는 비천에 처할 줄도 알고 풍부에 처 할 줄도 알아 모든 일 곧 배부름과 배고픔과 풍부와 궁핍에도 처할 줄 아는 일체의 비결을 배웠노라. 내게 능력 주시는 자 안에서 내가 모든 것을 할 수 있느니라. (빌 4:12-13)

내게 능력 주신 자의 능력으로만 가능하며 너희 원수를 사랑하라는 것은 지식으로만 되어지는 것이 아니라 영적인 훈련이 필요한 것입니다.
(마 5:38-48)

그가 또한 우리에게 인치시고 보증으로 우리 마음에 성령을 주셨느니라.
(고후 1:22)

3. 그리스도의 일꾼

구약 성경에서는 주로 노예를 가리키는 말이었으나 신약 성경에서는 주로 그리스도의 사역과 관련하여 신령한 일을 감당하는 사람이라고 기록하고 있습니다.

사람이 마땅히 우리를 그리스도의 일꾼이요 하나님의 비밀을 맡은 자로 여길 지이다. 그리고 맡은 자들에게 구할 것은 충성 이니라. (고전 4:1-2)

그가 또한 우리를 새 언약의 일꾼 되기에 만족하게 하셨으니 율법 조문은 죽이는 것이요 영은 살리는 것이니라. (고후 3:6)

4. 그리스도인 삶

(로마서 12:14-21)
14: 너희를 박해하는 자를 축복하라 축복하고 저주하지 말라.

15; 즐거워하는 자들과 함께 즐거워하고 우는 자들과 함께 울라.

16: 서로 마음을 같이하며 높은데 마음을 두지 말고 도리어 낮은데 처하며 스스로 지혜 있는 체 하지 말라.

17: 아무에게도 악을 악으로 갚지 말고 모든 사람 앞에서 선한 일을 도모 하라.

18: 할 수 있거든 너희로서는 모든 사람과 더불어 화목 하라.

19: 내 사랑하는 자들아 너희가 친히 원수를 갚지 말고 하나님의 진노하심에 맡기라 기록되었으되 원수 갚는 것이 내게 있으니 내가 갚으리라고 주께서 말씀 하시니라.

20: 네 원수가 주리거든 먹이고 목마르거든 마시게 하라 그리함으로 네가 숯불을 그 머리에 쌓아 놓으리라.

21: 악에게 지지 말고 선으로 악을 이기라.

07

어떻게 거듭 날 수 있을까? (New Birth)

그런즉 누구든지 그리스도 안에 있으면 새로운 피조물이라 이전 것은 지나갔으니 보라 새 것이 되었도다. (고후 5:17)

1. 거듭남

1) 육신으로 한번 태어 난 것처럼 영적으로 주님 안에서 다시 태어나는 것을 거듭남이라 합니다. (육체의 변화가 아닌 영적 변화를 말하는 것) 죄, 때문에 죽어 있던 영적 생명이 살아나는 것.(근본적인 변화)

그는 허물과 죄로 죽었던 너희를 살리셨도다. 그때에 너희는 그 가운데서 행하여 이 세상 풍조를 따르고 공중의 권세 잡은 자를 따랐으니 곧 지금 불순종의 아들들 가운데서 역사하는 영이라. 전에는 우리도 다 그 가운데서 우리 육체의 욕심을 따라 지내며 육체와 마음의 원하는 것을 하여 다른 이들과 같이 본질상 진노의 자녀 이었더니. 긍휼이 풍성하신 하나님이 우리를 사랑하신 그 큰 사랑을 인하여. 허물로 죽은 우리를 그리스도와 함께 살리셨고 너희는 은혜로 구원을 받은 것이라. (엡 2:1-5)

2) 새롭게 태어나는 것, 즉 새 생명을 얻는 것.

그런즉 누구든지 그리스도 안에 있으면 새로운 피조물이라 이전 것은 지나갔으니 보라 새 것이 되었도다. (고후 5:17)

내가 진실로 진실로 너희에게 이르노니 내 말을 듣고 또 나 보내신 이를 믿는 자는 영생을 얻었고 심판에 이르지 아니하나니 사망에서 생명으로 옮겼느니라. (요 5:24)

2. 어떻게 거듭 날수 있을까?

바리새인 중에 니고데모라 하는 사람이 있으니 유대인의 지도자라. 그가 밤에 예수께 와서 이르되 랍비여 우리가 당신은 하나님께로부터 오신 선생인 줄 아나이다 하나님이 함께 하시지 아니하시면 당신이 행하시는 이 표적을 아무도 할수 없음이니이다. 예수께서 대답하여 이르시되 진실로 진실로 네게 이르노니 사람이 거듭나지 아니하면 하나님의 나라를 볼 수 없느니라. 니고데모가 이르되 사람이 늙으면 어떻게 날 수 있사옵나이까 두 번째 모태에 들어갔다가 날 수 있사옵나이까

예수께서 대답하시되 진실로 진실로 네게 이르노니 사람이 물과 성령으로 나지 아니하면 하나님의 나라에 들어 갈 수 없느니라. (요 3:1-5)

육으로 난 것은 육이요 영으로 난 것은 영이니 내가 네게 거듭나야 하겠다 하는 말을 놀랍게 여기지 말라.

바람이 임의로 불매 네가 그 소리는 들어도 어디서 와서 어디로 가는지 알지 못하나니 성령으로 난 사람도 다 그러하니라. (요 3:6-8)

우리를 구원하시되 우리가 행한 바 의로운 행위로 말미암지 아니하고 오직 그의 긍휼하심을 따라 중생의 씻음과 성령의 새롭게 하심으로 하셨나니.

(딛 3:5)

물과 성령으로 거듭나야 합니다.

1.물

물은 성경에서 말씀과 세례로 기록 되어있으며 다른 학자들은 물을 외형적

이고 의식적인 요소로서의 물세례를 말하는 것이며 죄를 회개하고 예수그리스도가 구주이심을 고백하여 교회의 일원으로 참여 하는 뜻이 있다고 하였습니다.

맑은 물을 너희에게 뿌려서 너희로 정결하게 하되 곧 너희 모든 더러운 것에서와 모든 우상숭배에서 너희를 정결하게 할 것이며.
또 새 영을 너희 속에 두고 새 마음을 너희에게 주되 너희 육신에서 굳은 마음을 제거하고 부드러운 마음을 줄 것이며.
또 내 영을 너희 속에 두어 너희로 내 율례를 행하게 하리니 너희가 내 규례를 지켜 행할지라. (겔 36:25-27)

하나님 말씀이 너무 귀하기 때문에 물을 말씀으로 해석하여 은혜를 나누고자 합니다.

남편들아 아내 사랑하기를 그리스도께서 교회를 사랑하시고 그 교회를 위하여 자신을 주심 같이 하라.
이는 곧 물로 씻어 말씀으로 깨끗하게 하사 거룩하게 하시고.
(엡 5:25-26)
예수께서 대답하여 이르시되 이 물을 마시는 자마다 다시 목마르려니와. 내가 주는 물을 마시는 자는 영원히 목마르지 아니하리니 내가 주는 물은 그 속에서 영생하도록 솟아나는 샘물이 되리라. (요 4:13-14)

하나님의 말씀은 살아있고 활력이 있어 좌우에 날선 어떤 검 보다 도 예리하여 혼과 영과 및 관절과 골수를 찔러 쪼개기까지 하며 또 마음의 생각과 뜻을 판단하나니. (히 4:12)

내 백성이 지식이 없으므로 망하는 도다 네가 지식을 버렸으니 나도 너를 버려 내 제사장이 되지 못하게 할 것이요 네가 네 하나님의 율법을 잊었으니 나도 네 자녀들을 잊어버리리라. (호 4:6)

내가 주께 범죄 하지 아니하려 하여 주의 말씀을 내 마음에 두었나이다. (시 119:11)

2. 성경, 구약의 말씀과 신약의 말씀

1. 구약의 말씀

하나님께서 자기 모습과 뜻을 인간에게 나타내시고 섭리대로 역사를 이끄시는 수단으로 사용 되었으며 '여호와의 말씀'은 구약성경에서 많이 쓰여 져 행동언어 (창 1:3; 시33:6)로 표현 되었고 진리와 신뢰성이 담겨져 있습니다. 특별히 하나님의 계시는 말씀을 통해서 나타나셨고 아브라함 (창 22:1), 야곱 (창 46:2), 모세(출 3:4),사무엘(삼상 3;1),기타 여러 선지자들을 통해 드러났음을 알 수가 있습니다.

2. 신약의 말씀

예수님의 말씀은 행하심과 일치를 이루고 있습니다.

병 고침을 받는 예수님의 말씀(막 2:11)과 명령에 말씀(막 9:25)으로

외적 표현임을 보여 주고 있습니다. 바울은 자신이 회중에게 선포한 메시지를 하나님의 말씀 (고전 14:36; 고후 2:17),도 (살전 1:6), 주의 말씀(살전 1:8), 너희가 우리에게 들은바 하나님의 말씀(살전 2:13)이라 했으며 요한복음에서 예수님의 말씀은 하나님의 말씀으로 그 안에서 하나님의 역사가 실행된다고 하였습니다. (요 3:34; 14:24)

하나님이 보내신 이는 하나님의 말씀을 하나니 이는 하나님이 성령을 한량없이 주심이니라. (요 3:34)

3. 성경 말씀을 보고, 듣고, 묵상 할때

1. 말씀을 볼 때나 들을 때나 묵상 할 때에 내 마음이 어떠한지에 따라서 말씀의 은혜가 다르게 느낀 것을 알 수가 있습니다.

평상시에 말씀을 보는 것과 고난 중에 말씀을 보는 것, 너무나 다른 것을 많은 경험을 통하여 느꼈을 것입니다.
성경 말씀에 이해는 내가 나 된 만큼 이해가 된다고 하였습니다, 로마서 7장 21-23절에 선을 행하는 나에게 악이 함께 있는 것이 로다, 내 지체 속에서 한 다른 법이 내 마음의 법과 싸워 내 지체 속에 있는 죄의 법으로 나를 사로잡는 것을 보는 도다.

이와 같이 우리의 마음을 우리 스스로 다스리기가 어려워 하나님의 말씀에 의지하여 깨어 기도하며 말씀을 읽을 때에 성령께서 함께하여 그 말씀이 이해가 되고 은혜가 되어야 할 것입니다.

2. 성경을 읽을 때에 성경을 기록한 저자들의 관점이 어떠했는지를 알아야 하며, 기록한 사람은 누구이며, 그들이 무엇을 말 할려고 하는 것인지, 오늘날 이 시대에 우리에게 주는 의미가 어떤 것 인지를 알 고 이해하며 읽어야 더욱더 은혜가 될 것입니다.

3. 성경에 말씀을 기록한 목적이 있습니다.
예수께서 제자들 앞에서 이 책에 기록되지 아니한 다른 표적도 많이 행하셨으나. 오직 이것을 기록함은 너희로 예수께서 하나님의 아들 그리스도이심을 믿게 하려 함이요 또 너희로 믿고 그 이름을 힘 입 어 생명을 얻게 하려 함이니라. (요 20:30-31)

예수께서 이르시되 내가 곧 길이요 진리요 생명이니 나로 말미암지 않고는 아버지께로 올 자가 없느니라. (요 14:6)

2. 성령(Holy Spirit)

예수님의 공생애가 성령 충만으로 시작하여 성령과 권능과 능력 가운데서 이루어진 것처럼 초대교회의 역사도 성령 충만으로 시작하여(행 2:4; 4:31) 성력의 강한 능력과 권능 아래 전개 되었습니다, 사도행전의 역사는 성령의 역사요, 예수님의 제자들이 성령의 권능을 받고 예루살렘과 온 유대와 사마리아와 땅 끝까지 이르러 예수의 증인이 된 역사 인 것입니다. (행 1:8)

1. 예수님의 공생애와 성령 사역

예수그리스도는 성령으로 잉태 되셨고(마 1:18,20; 눅 1:35)

예수님의 공생애는 세례요한의 세례를 받으신 후 성령 충만 함을 받으신 때부터 시작 되었습니다.(마 3:16; 눅 3:22)

그 이후부터 예수님의 삶은 성령으로 충만함 삶 (눅 4:1)
성령의 능력과 권능에 이끌린 삶으로 나타 나셨습니다. 예수님은 성령에 이끌려 광야에서 40일 동안 마귀의 시험을 받으셨고 (마 4:1; 눅 4:1-2),
성령의 권능으로 갈릴리에 돌아가셔서 (눅 4:14) 나사렛 회당에서 말씀을 선포 하셨습니다.

예수님은 성령 충만하여 공생애 활동을 통하여 사탄을 결박하고 (막 3:27), 사탄의 권세를 무너뜨리며 (눅 10:18), 병든 자를 치유하고 (마 11:4-5), 귀신들을 내어 쫓으심으로 하나님의 나라가 이 땅에 임하게 하셨습니다. (마 12:28; 눅 11:20)

예수님은 하나님께서 구하는 자에게 성령을 주시는 분이므로 구하라고 가르치셨고 (눅 11:13) 성령으로 기뻐하며 하나님께 감사 기도를 드렸습니다. (눅 10:21)

2. 성령의 은사

성령의 은사는 선물이요 (고전 12:11), 그 선물 주심의 주된 목적은 하나님의 영광을 위한 것입니다.

신약 성경에서는 예수님을 주로 고백하고 믿는 성도들에게 세례를 통해서 주어지는 성령을 하나님이 주신 은혜의 선물이라고 하였으며 이 선물은 은혜 입은 자들에게 주어지는 처음 익은 열매요(롬 8:23), 또한 각 사람에게 성령이 그 뜻대로 개별적으로 나눠주시는 은혜의 선물로서 성령의 은사입니다.

그러므로 내가 너희에게 알리노니 하나님의 영으로 말하는 자는 누구든지 예수를 저주할 자라 하지 아니하고 또 성령으로 아니하고는 누구든지 예수를 주시라 할 수 없느니라. (고전 12:3)

은사는 여러 가지나 성령은 같고, 직분은 여러 가지나 주는 같으며, 또 사역은 여러 가지나 모든 것을 모든 사람 가운데서 이루시는 하나님은 같으니, 각 사람에게 성령을 나타내심은 유익하게 하려 하심이라. (고전 12:4-7)

어떤 사람에게는 성령으로 말미암아 지혜의 말씀을, 지식의 말씀을, 성령으로 믿음을, 병 고치는 은사를, 능력 행함을, 예언함을, 영들 분별함을, 방언 말함을, 방언들 통역함을, 이 모든 일은 같은 한 성령이 행하 사 그의 뜻대로 각 사람에게 나누어 주시는 것이니라. (고전 12:8-11)

3. 성령의 열매

성령의 열매는 성령이 성도 안에 내재하시고, 그 분의 인도하심에 순종하는 성령 충만한 삶의 결과가 나타나는 것을 말 합니다. (갈 5:22-23)

바울은 성령의 열매를 사랑, 희락, 화평, 오래 참음, 자비, 양선, 충성, 온유, 절제의 9가지로 말하고 있지만 이 성령의 열매는 복수가 아니라 단수로 제시

되고 있습니다.

열매란 성도 자신의 소산이 아니라 그리스도인을 통하여 역사 하시는 성령의 사역이라는 것입니다. (요 15:1-8)

성도 개개인이 그리스도와 생명의 연합 관계 가운데 성령을 따라 자신의 육체적인 정욕과 싸워 이기는 전투적이고 순종적인 삶을 통해 맺는 것입니다.

좋은 열매가 좋은 나무를 말해주고 나쁜 열매가 나쁜 나무를 말해주는 것처럼 어떤 사람이 성령의 열매를 맺고 있느냐, 아니면 육체의 열매 (갈 5:19-21)를 맺고 있느냐에 따라, 그리고 성도 개개인에게서 보여지는 성령의 열매의 풍성함의 정도에 따라 성령 충만한 가운데 살고 있는지 가늠 할 수 있는 것입니다.

4. 성령 충만을 받으려면

성령이 그 사람의 생각과 느낌과 말과 행동을 완전히 지배 하는 것, 즉 성령의 감화로 살아가는 것입니다, 성령 충만은 스데반이나 바나바 같은 하나님의 사람들의 성품을 묘사할 때 도 쓰여 져 있었습니다. (행 6:10)

바울은 에베소 성도들을 향해 성령 충만을 받으라고 말 하였습니다. (엡 5:18)

1. 성령 충만 받기를 간절히 사모해야 합니다. (눅 11:13; 요 7:37-39)
2. 자신의 죄를 철저히 회개해야 합니다. (요일 1:9)
   (성령은 거룩하신 영으로 죄 가운데 있는 사람 안에서는 역사하시지 않습니다.)

3. 믿음으로 성령 충만을 구해야 합니다. (요일 5:14-15;갈 3:14)
(믿음으로 그 약속을 붙들고(롬14:22-23;히11:6) 믿음으로 기도 (행 4:31)하는 것)
4. 나 자신과 나의 삶을 그분께 맡기고 전적으로 성령을 의지하며 순종하는 (행 5:32) 삶을 살아야 할 것입니다. (갈 5:16)

이스라엘 백성들은 의를 행하기 원 했지만 끊임없이 죄를 지어 씁니다 이렇게 죄에 대하여 항상 실패 하던 이스라엘 백성에게 에스겔 선지자는 정결케 될 수 있다는 소망의 메시지를 선포 했습니다. 성령은 사람들의 마음에 오셔서 더러운 모든 것을 정결케 하고 그들 안에 더러운 죄나 우상이 들어설 자리가 없게 하신다고 선포 하셨습니다. (겔 36:25)

성령은 죄로 인해 굳은 마음을 녹여서 부드럽게 하시고 새로운 마음을 주시는 분이라고 하였습니다. (겔 11:19; 36:26)

이와 같이 성령 충만함을 받고 체험하게 되면

버릴 것이 생기고, 고칠 것이 생기며, 바꿀 것이 생겨, 엄청난 마음의 변화와 개혁과 뒤바뀜과 흔들림이 수반되어 우리의 옛 모습은 사라지고 성령 충만한 새로운 모습으로 변화되는 것입니다.

5. 거듭난 자의 삶

새 생명의 원리는 성령의 도우심을 통하여 변화된 삶을 살아가게 합니다 어둠의 삶에서 빛의 삶으로 달라진 삶을 영위 하며. 거듭난 생명을 가진 자의 삶으로 변화 되는 것입니다.

1) 예수그리스도를 사랑하고 인정 합니다.

예수께서 그리스도이심을 믿는 자마다 예수님께로부터 난 자니 또한 낳으신 이를 사랑하는 자마다 그에게서 난 자를 사랑하느니라. (요일 5:1)

2) 죄를 지속적으로 짓지 않습니다.

하나님께로부터 난 자마다 죄를 짓지 아니 하나니 이는 하나님의 씨가 그의 속에 거함이요 그도 범좌하지 못하는 것은 하나님께로부터 났음이라. (요일 3:9)

3) 형제를 사랑 합니다.

사랑하는 자들아 우리가 서로 사랑하자 사랑은 하나님께 속한 것이니 사랑하는 자마다 하나님으로부터 나서 하나님을 알고. 사랑하지 아니하는 자는 하나님을 알지 못하나니 이는 하나님은 사랑이심이라.

(요일 4:7-8)

4) 위에 것을 찾습니다.

그러므로 너희가 그리스도와 함께 다시 살리심을 받았으면 위의 것을 찾으라 거기는 그리스도께서 하나님 우편에 앉아 계시느니라.위의 것을 생각하고 땅의 것을 생각하지 말라. (골 3:1-2)

5) 거룩한 갈등이 있어야 합니다.

사도 바울은 일생에 갈등 속에서 성령의 힘입어 심령 속에 거룩한 갈등과 영적 투쟁이 있다는 것은 곧 하나님의 생명이 있다는 것이라 하였습니다. 거듭나지 않는 사람은 이러한 갈등의 투쟁 없이 세상과 타협하고 악을 거리낌 없이 행하고 양심의 갈등 없이 행하는 것입니다.

내 속 곧 내 육신에 선한 것이 거하지 아니하는 줄을 아노니 원함은 내게 있으나 선을 행하는 것은 없노라.

내가 원하는바 선은 행하지 아니하고 도리어 원하지 아니하는바 악을 행하는 도다. (롬 7:18-19)

선을 행하기 원하는 나에게 악이 함께 있는 것이로다. 내 속사람으로는 하나님의 법을 즐거워하되. 내 지체 속에서 한 다른 법이 내 마음의 법과 싸워 내 지체 속에 있는 죄의 법으로 나를 사로잡는 것을 보는도다.

08

천국(Heaven)의 소망

회개하라 천국이 가까이 왔느니라. (마 3:2)

1. 천 국(Heaven)

나더러 주여 주여 하는 자마다 다 천국에 들어 갈 것이 아니요 다만 하늘에 계신 내 아버지의 뜻대로 행하는 자라야 들어가리라. (마 7:21)

입으로 자신의 신앙을 고백하는 것보다는 하나님의 뜻에 순종하고 말씀을 실천하는 것이 무엇보다도 중요하다는 사실을 잘 나타내 주고 있습니다. 그러나 아직도 하나님을 시인하나 행위로는 부인하는 (딛 1:16) 성도들이 있음을 사도바울의 가르침에서 지적하고 있듯이'가증한 자요, 복종치 아니하는 자요, 모든 선한 일을 버리는 자' 라는 사실을 깨달아 구원 받은 우리들도 '행함과 진실함으로'살아 갈수 있는 성도들이 되어야 하겠습니다. (요일 3:18)

듣고 행하지 아니하는 자는 주추 없이 흙 위에 집지은 사람과 같으니 탁류가 부딪치매 집이 곧 무너져 파괴됨이 심하니라. (눅 6:49)

내가 너희에게 이르노니 너희 의가 서기관과 바리새인보다 더 낫지 못하면 결코 천국에 들어가지 못하리라. (마 5:20)

그들은 금식과 기도, 구제를 하였으며 다른 사람을 가르치는 것을 임무로 열심히 하였으나 외적인 겉모양으로 사람들의 칭찬과 칭송을 받기를 원하며 자신들에 행한 것에 자만하고 그것을 의로 신뢰 하였습니다. 그러므로 우리는 모든 것을 행했을 때 우리 자신을 부인하고 내적신앙인으로서 그리스도의 의만 신뢰해야 할 것입니다. (마 16:24)

바리새인들이 하나님의 나라가 어느 때에 임하나이까 묻거늘 예수께서 대답하여 이르시되 하나님의 나라는 볼 수 있게 임하는 것이 아니요, 또 여기 있다 저기 있다고도 못하리니 하나님의 나라는 너희 안에 있느니라.

(눅 17:20-21)

여기서 너희 안에 라는 번역은 두 가지 의미를 갖습니다. 하나는 너희 안에, 즉 바리새인들 마음속에 라는 의미가 있고, 또 한 가지는 외식적 이며 예수에 대하여 악의를 가졌던 당시 바리새인들 '안'에 하나님의 나라가 있다는 것은 이해 할 수 없어 너희 가운데로 번역되기도 합니다. 왜냐하면 유대인들이 기다리던 '메시야'이면서 하나님 나라의 주인이신 예수께서 그들 중에 계시기 때문입니다. (눅 11:20)

이와 같이 그 나라는 예수의 임재와 하께 그들 가운데 존재했고(눅 7:28; 10:18; 11:20; 13:18-20; 16:16) 복음이 전파되는 가운데 점진적으로 확대되고 있으며 결국에는 하나님의 주권적 역사를 통해 이 땅에 온전한 모습으로 나타날 것입니다. (마 24장)

예수께서 각 성 각 마을로 다니사 가르치시며 예루살렘으로 여행 하시더니, 어떤 사람이 여짜오되 주여 구원을 받는 자가 적으니이까 그들에게 이르시되, 좁은 문으로 들어가기를 힘쓰라 내가 너희에게 이르노니 들어가기를 구하여도 못하는 자가 많으리라. (눅 13:22-24)

좁은 문(Narrow gate)으로 들어가라 멸망으로 인도하는 문은 크고 그 길이 넓어 그리로 들어가는 자가 많고, 생명으로 인도하는 문은 좁고 길이 협착하여 찾는 자가 적음이라. (마 7:13-14)

● 성도들의 길과 불신자의 길 비교 도표

<table>
<tr><th>구분</th><th>비유</th><th>성도들의 길</th><th>불신자의 길</th><th>참조 구절</th></tr>
<tr><td rowspan="3">마 7:
13,14절</td><td rowspan="2">두 문</td><td>좁은 문</td><td>큰 문</td><td rowspan="3">눅 13:24
요 14:6</td></tr>
<tr><td>생명으로
인도하는 문</td><td>멸망으로
인도하는 문</td></tr>
<tr><td>두 길</td><td>협착한 길</td><td>넓은 길</td></tr>
<tr><td rowspan="2">마 7:
16~20절</td><td>두 나무</td><td>좋은 나무</td><td>못된 나무</td><td rowspan="2">마12:3~35
눅 6:43,44</td></tr>
<tr><td>두 열매</td><td>아름다운 열매</td><td>나쁜 열매</td></tr>
<tr><td rowspan="3">마 7:
24~27절</td><td rowspan="2">두 사람</td><td>말씀을 듣고
행하는 자</td><td>말씀을 듣고 행치
아니하는 자</td><td rowspan="3">눅 6:47~49</td></tr>
<tr><td>지혜로운 사람</td><td>어리석은 사람</td></tr>
<tr><td>두 집</td><td>반석 위에 지은 집</td><td>모래 위에 지은 집</td></tr>
</table>

1. 좁은 길 (생명의길, 영광의길)

1) 고생과 고난을 선택해서 그 길을 가는 것이 아님을 알아야 할 것입니다. 사도바울은 고백 합니다. 나는 비천에 처할 줄도 알고 풍부에 처할 줄도 알아 모든 일 곧 배부름과 배고픔과 풍부와 궁핍에도 처할 줄 아는 일체의 비결을 배웠노라.
내게 능력 주시는 자 안에서 내가 모든 것을 할 수 있느니라.
(빌 4:12-13) 2.)

2) 순간적인 이득이나 순간적인 기쁨이 아닌 결과적인 오직 하나님의 영광을 위하여 그 길을 가야 할 것입니다.

3) 누가 그 길을 인도 하는가 명확히 분별 하여야 합니다. 우리의 삶은 영적 전쟁입니다 이 길은 저절로 생기는 것이 아님을 깨달아 생명으로 인도하시는 하나님이 계심을 알고 그 길을 가야 할 것입니다.

2. 열매로 그들을 알리라.

못된 열매 맺는 좋은 나무가 없고 또 좋은 열매 맺는 못된 나무가 없느니라. 나무는 각각 그 열매로 아나니 가시나무에서 무화과를, 또는 찔레에서 포도를 따지 못하느니라. (눅 6:43-44)

물과 성령으로 거듭나지 아니하면 하나님의 나라에 들어 갈 수 없느니라.

요 3:5에 말씀을 보면 예수님께서 니고데모에게 말씀 하시기를 진실로 진실로 네게 이르노니 사람이 물과 성령으로 나지 아니하면 하나님의 나라에 들어 갈수 없느니라. 라고 말씀 하신 것처럼 말씀과 성령으로 거듭나야 그리스도인으로서 성령의 도움으로 죄를 이기는 능력을 갖게 되며 죄에서 벗어나 해방되어 하나님의 뜻과 말씀을 지키고 행 할 수 있기 때문입니다.

하나님께로부터 난 자마다 죄를 짓지 아니 하나니 이는 하나님의 씨가 그의 속에 거함이요 그도 범죄 하지 못하는 것은 하나님께로부터 났음이라.
(요일 3:9)

3. 새 하늘과 새 땅

내가 새 하늘과 새 땅을 보니 처음 하늘과 처음 땅이 없어졌고 바다도 다시 있지 않더라. 모든 눈물을 그 눈에서 닦아 주시니 다시는 사망이 없고 애통하는 것이나 곡하는 것이나 아픈 것이 다시 있지 아니하리니 처음 것들이 다 지나갔음 이러라. (계 21;1; 21:4)

09

평신도들의 영적회복

*하나님이여 사슴이 시냇물을 찾기에 갈급함 같이 내 영혼이 주를 찾기에 갈급 하나이다. (시 42:1)

평신도 성도들은 죄악 된 세상 속에서 느끼는 영적인 갈증을 해소하기 위해 사슴이 목말라 하듯 갈급하며 하나님을 찾아야 할 것입니다. 왜냐하면 하나님은 영원히 마르지 않는 생수와 같기 때문 인 것입니다. (요 4:13-14)

*살리는 것은 영이니 육은 무익 하니라 내가 너희에게 이른 말은 영이요 생명이라는 말의 뜻은 무엇인가? (요 6:63)

1) 육은 무익 하니라는 말은 무조건적인 의미에서 육신의 가치를 부정하는 말이 아니라, 영과의 관계 하에서 이해 되어야 합니다. 영혼이 떠난 인간 육체는 죽은 것으로서 무가치한 것같이 성령의 역사를 떠나서 존재하는 그리스도의 몸은 아무런 의미가 없다는 것이라 하겠습니다.

2) 내가 너희에게 이른 말이 영이요 생명이라 는 말은 그리스도께서 증거 하시는 복음이 성령의 감화 하시는 역사로 인해 사람의 마음속에 뚫고 들어가 옛 사람을 벗 기워 버리고 새 사람의 성품을 힙 입어 새로운 생명을 얻게 한다는 뜻이라 생각 합니다.

그러므로 우리가 그리스도를 믿는다는 것은 그의 육체를 믿는 것이 아니라 마지막 아담은 살려주는 영 (고전 15:45)을 믿는 것이라는 사실을 알 수가 있는 것입니다.

이처럼 평신도 성도들은 각자에게 필요한 것은 현상을 바라보는 육 안 뿐만 아니라 현상의 배후에 활동 하시는 하나님의 손길을 바라보는 신령한 영안이 더욱 절실히 요구가 되어야 하며, 우리가 믿음의 눈을 열어 세상을 바라보게 될 때 우리는 거기에 계신 하나님을 목격하게 될 것입니다. 그러므로 주여 영생의 말씀이 주께 있사오니 우리가 누구에게로 가오리까. (요 6:68) 라고 한 베드로의 고백은 우리들에게 새로운 의미를 안겨주는 감동적인 신앙 고백으로서 거듭 되풀이 되어져야 할 것입니다.

*우리의 심령 속에 거룩한 갈등과 영적 투쟁이 있어야 합니다. 내 속 육신에 선한 것과 악한 것이 영적 투쟁으로 다툼이 있을 때 세상과 타협 하지 않고 악을 물리칠 수 있는 능력이 나타나야 할 것입니다.

*내가 원하는 바 선을 행하지 아니하고 도리어 원하지 아니 하는 바 악을 행하는 도다. 만일 내가 원하지 아니하는 그것을 하면 이를 행하는 자는 내가 아니요 내 속에 거하는 죄니라. (롬 7:19-20)

*존귀한 자는 존귀한 일을 계획하나니 그는 항상 존귀한 일에 서리라. (사 32:8)

*하나님께 헌신하는 평신도들은 소유 하고픈 욕구에 얽매이지 말아야 합니다. 그리스도의 제자로서 자신이 채워짐이 아니라 비워짐을 예리하게 느끼는 것입니다. (모든 일에 획득하고 자 하는 것과 성취감을 우리 마음에서 제거 되는 것) 속이 가득 찼다고 소리를 내는 것은 아닙니다. 악기는 비어 있기 때문에 울리는 것입니다. 사람도 마찬가지, 불필요한 것들을 다 비워야 자기 소리가 나는 것처럼 비움이 있어야 채움이 있고 비워야 비로써 내면의 자기 소리를 낼 수가 있는 것입니다.

*많은 평신도들은 자기가 보고, 외부로 듣고, 배운 경험을 주장하고 자기 옳음을 고집 합니다. 성경은 사람의 생각과 하나님의 생각은 다르다고 말씀 하셨으며 예수님은 나를 따르려면 자기의 생각을 부인하고 십자가를 지고 따르라고 말씀 하셨습니다. 사람들은 자기 생각을 믿습니다. 하나님은 인간의 생각과 내 생각과 전혀 다르다고 말씀 하신 것처럼 우리의 삶 속에 자기를 부인하고 하나님의 생각을 그대로 우리들의 마음과 일치 시켜야 하는 것입니다.

*교회에서나 사회에서나 인정을 얻으려고 하는 욕구가 하나님을 섬기는 의무보다 우선되면(집착하면) 영적 성장이 중지 됩니다.

*좋은 것, 최선의 것, 좋을 수 있지만 때로는 적이 될 수 있습니다. 좋은 음식, 좋은 직장, 육체의 건강, 인간적인 위안, 좋을 수 있지만 영적 도전을 받을 때에 때로는 포기해야 할 경우가 있으며 기쁨이나 즐거움, 이러한 만족할 비물질 적인 소유를 과도하게 집착하면 영적 회복이 어렵게 되는 것입니다.

*평신도 지도자 (사명 자)는 교회에 직분을 통하여 열심히 할 수 있으나 교만함과 이기심과 허영심을 버려야 하며 때로는 성도들에 고통과 불만족스러움도 감당할 줄 알아야 할 것입니다.

*평신도 지도자들은 믿음이 충만 했을 때 동역 자가 생기게 되는 것입니다. 다윗과 골리앗 싸움에서 다윗이 이겼을 때 백성들은 그 때에 다윗을 따랐던 것을 알 수가 있는 것입니다.

*우리는 우리들의 평생 동안 살아오면서 유지해온 옛 습관들을 바꾸라고 요구하지 않는 한, 하나님을 섬기겠다고 말을 합니다. 성경에는 옛것은 지나갔으니 보라 새 것이 되었도다. 라고 말씀 하셨습니다.

어제의 잘못된 습관 하나를 버리면 10년 후에 달라진 나를 볼 수가 있 기 때문입니다.

*그리스도인들이 하나님의 말씀을 많이 듣고 알고 있는 것은 성경 의 지식일뿐, 믿음의 삶을 통해 외부로 표현되지 않는다면 "구멍 난 복음" 저자 (레 녹스)는 우리들의 믿음이 "구멍 난 믿음"이라 말하고 있습니다.

*평신도 성도들의 믿음을 통하여 풍성한 열매가 있어야 하겠습니다.
나무는 열매로 알려지지 잎으로 알려지지 않습니다. 잎으로 가려져 열매는 보이지는 않지만 모든 나무들은 숨어있는 열매로 알려 집니다.

*기독교는 구걸하는 앉은뱅이한테 돈을 던져주는 종교가 아니라 나사렛 예수이름으로 앉은뱅이를 일으켜 세워 주는 실제의 능력의 종교 가 되어야 할 것입니다. (행 3:1-10)

*너희 빛이 사람 앞에 비치게 하여 그들로 너희 착한 행실을 보고 하늘에 계신 너희 아버지께 영광을 돌리게 하라. (마 5:16)
빛이 어둠을 밝히듯이 우리의 선한 행실이 이 세상에 비춰게 하여 예수를 믿지 않은 세상 사람들을 그리스도께로 인도하고 그들로 하여금 참된 행복을 체험하며 그들이 하늘에 계신 아버지께 영광을 돌리게 되는 것입니다.
행 2:47절 말씀에 베드로의 설교를 통하여 하나님을 찬미하고 또 온 백성에게 칭송을 받으니 주께서 구원 받는 사람을 날마다 더하게 하시니라고 성경에는 기록하고 있습니다.
평신도들은 가르침을 받고(말씀), 서로 교제하며, 구제, 봉사, 헌신 하는데 최선을 다하며 기도에 힘쓰는 평신도가 되어야 할 것입니다.

*믿음의 성도들은 두려워 할 분을 두려워하여야 할 것입니다.

몸은 죽여도 영혼은 능히 죽이지 못하는 것들을 두려워하지 말고 오직 몸과 영혼을 능히 지옥에 멸하실 수 있는 이를 두려워하라. (마 10:28)

*평신도들은 하나님과의 관계에서 말과 행동을 무심코 할 때가 너무나 많이 있습니다. 당장 어려움을 벗어나기 위해 하나님께 무심코 마음에도 없는 서원 기도를 하지만 그 어려움이 끝나면 자신의 기도를 까맣게 잊어버리는 성도들도 적지 않습니다. 그러나 하나님께서는 모든 것을 기억하고 계시며 하나님께서는 우리가 그 약속을 언제 지킬지 기다리고 계십니다. 그리고 때로는 시련과 고통을 주어서, 우리가 무심코 했던 그 약속을 기억나게 하시고 억지로도 지키도록 인도 하실 것입니다.

이처럼 무심코 하는 말과 행동을 조심하여야 하며 한 번 더 생각하고 말하고 행동 한다면 우리의 삶이 이전과는 새롭게 달라질 것입니다.

*모든 사람들은 내가 누리는 것은 당연 하다고 생각하고, 내가 없고 가진 것이 없는 것은 너무나 억울함을 느낀다고 합니다.

하나님을 믿는 성도들은 끊임없이 하나님과 나와의 관계를 갈망 하여야 하며 수천 년 전 나를 위해 십자가에 죽으신 예수님의 죽음과 부활의 의미를 마음 깊이 간직하고 매일 매일 하나님의 앞에서 나의 모습을 점검 하여야 할 것입니다. (행함으로)

눈으로 볼 수없는 믿음은 무엇을 통하여 입증 될 수 있습니까?

행함으로 알 수가 있습니다. (약 2:18)

*평신도 지도자 성도들 개개인은 신앙적이요, 도덕적이요, 양심적이지만 교회 공동체로 들어가면 일부분 지도자들은 자신도 모르게 이기적이고 우월감이 앞서며 주변에 반응에 따라 마음이 달라져 다른 성도들이 어떻게 생각하든 중요시 여기지 않으며 원칙 보다는 결과를 중요시 하고 위선적이고 권위적 행동을 할 때가 있음을 인식하고 변화된 지도자가 되어야 할 것입니다.

*평신도 성도들은 자기 성격을 자기 스스로가 다스 릴 줄 알아야 할 것입니다. 특별히 다혈질 성격을 소유한 성도들은 급하며, 감정이 앞서 참지 못하고, 욱 하며 앞뒤를 가리지 않아 다툼이 있음을 볼 수가 있습니다.

나로 인하여 나의 주변 사람들이 얼마나 많은 마음의 상처를 입었을까?
상처에 흔적을 남긴 것들, 어떻게 하면 그 흔적을 지워질 수 있을까?
회개하고 기도하며 성령으로 새롭게 변화되어 거듭나는 평신도 성도들이 되어 사명 감당하는 일꾼이 되기를 바랍니다.

*평신도들은 미래에 천국의 소망을 가지고 매일 매일 기도하며 먼 훗날을 위하여, 갈급하며 열심히 신앙생활 하면서 살아가고 있습니다.
그러나 오늘 하루를 어떻게 살아가며 혹시 무심코 하루가 지난 후 후회된 삶을 살고 있지 않은지?
때로는 내일을 위하여, 미래를 위하여, 오늘을 희생하며 그날그때 해야 할 못 다한 일들이 너무나 많이 있었음을 지나간 세월 속에서 알 수가 있습니다.
하나의 오늘은 두 개의 내일보다 더 가치가 있습니다.
오늘 이 하루가 얼마나 중요한 시간인지?
인생은 오늘 있다가 내일이면 떠나는 것.

변화는 마음에서 시작됩니다.
우리는 과거의 그늘에서 너무 오래 머물러 왔습니다.

오늘은 새로운 날!
생각이 바뀌어 마음의 나침판을 올바른 방향에 맞추고 이제는 길을 떠날 때입니다. 그 길이 오늘(지금)입니다.

귀중한 오늘, 주 안에서 아름답고, 즐겁고, 복된, 하루하루 삶이 되어 값지게 오늘을 살아가는 믿음의 성도들이 되어야 할 것입니다.

참고 문헌

Question and Answer system
QA시스템 성경연구 시리즈
발행처: 기독 지혜사

The Vision Bible Dictionary
비전성경사전(하영조)
발행처: 사단법인 두란노